Donnersohn, Maurentöter, Indiomörder

STUDIA IRENICA

Herausgeber
AXEL HILMAR SWINNE
in Zusammenarbeit mit
EDMUND WEBER

Institut für Wissenschaftliche Irenik an der Universität Frankfurt/M.

PETER LANG
Frankfurt am Main · Berlin · Bern · Bruxelles · New York · Oxford · Wien

Leonor Ossa

DONNERSOHN, MAURENTÖTER, INDIOMÖRDER
Der Zebedaide und die Gewalt

PETER LANG
Europäischer Verlag der Wissenschaften

Die Deutsche Bibliothek - CIP-Einheitsaufnahme

Ossa, Leonor:

Donnersohn, Maurentöter, Indiomörder : der Zebedaide und die Gewalt / Leonor Ossa. - Frankfurt am Main ; Berlin ; Bern ; Bruxelles ; New York ; Oxford ; Wien : Lang, 2002
 (Studia Irenica ; Bd. 38)
 ISBN 3-631-38766-0

ISSN 0081-6663
ISBN 3-631-38766-0
© Peter Lang GmbH
Europäischer Verlag der Wissenschaften
Frankfurt am Main 2002
Alle Rechte vorbehalten.

Das Werk einschließlich aller seiner Teile ist urheberrechtlich geschützt. Jede Verwertung außerhalb der engen Grenzen des Urheberrechtsgesetzes ist ohne Zustimmung des Verlages unzulässig und strafbar. Das gilt insbesondere für Vervielfältigungen, Übersetzungen, Mikroverfilmungen und die Einspeicherung und Verarbeitung in elektronischen Systemen.

www.peterlang.de

Der Apostel Jakobus/Santiago als »Indiotöter«. Darstellung einer altspanischen Legende aus den Maurenkriegen, die sich auch bei der Schlacht um Cuzco ereignet haben soll.

Inhaltsverzeichnis

I	Einführung	9
II	Jakobus im Neuen Testament und den neutestamentlichen Apokryphen	17
II.1	Der Zebedaide im Neuen Testament: Paulusbriefe	18
II.2	Jakobus in den Evangelien	18
II.2.1	Die Zebedaiden zu zweit	19
II.2.2	Die Zebedaiden mit Petrus als Dreiergruppe	21
II.2.3	Apokryphe Literatur	25
II.2.4	Lk 9,54ff	27
II.3	Ergebnis	27
II.4	Der Jakobusbrief	29
III	Jakob und Spanien in der hebräischen Bibel	31
III.1	Vorexilische Zeit	33
III.2	Nachexilische Zeit	35
III.3	Die Zeit des Römischen Reiches	37
III.4	Zwischenergebnis	38
III.5	Inhalte möglicher vorneutestamentlicher Spanienmission	38
IV	Jakob in Apokryphen, Pseudepigraphen der Hebräischen Bibel und bei jüdisch-hellenistischen Auslegern (Josephus, Philo...)	41
IV.1	Das Buch der Jubiläen	41
IV.2	Jakob bei Philo von Alexandrien	46
IV.2.1	Allegorische Interpretation Jakobs	46
IV.2.2	Jakob als Vorbild der von allen angestrebten Tugend	47
IV.2.3	Die kollektive Bedeutung Jakobs als Israel	49
IV.2.4	Das Verhältnis Jakobs zur Völkertafel Gen 10	50
IV.3	Weltverteilung und Jakobshaggadah bei Josephus	51
IV.4	Pseudo-Philo, "Antiquitates Biblicae", und Demetrios	52
IV.5	Apokalypse des Zephanja	54
IV.6	Dokumente der jüdischen Gnosis: Die "Jakobsleiter" und "Das Gebet Jakobs"	55
IV.7	Testamente der drei Patriarchen: Das Testament Jakobs	56

V	Jakob/Israel im Neuen Testament und Apokryphen	59
V.1	Paulus	60
V.1.1	Römer 9,10-13	60
V.1.2	Römer 15,14-33	62
V.1.2.1	Die Front gegen den Kaiserkult	62
V.1.2.2	Die Beendigung des alten und der Beginn eines neuen Zyklus	63
V.2	Der 1. Clemensbrief	66
V.3	Der Patriarch Jakob und Jakobus der Zebedaide	70
V.4	Der Pseudo-Titus-Brief	72
V.4.1	Die Patriarchen als eschatologische Richter	72
V.4.2	Der Pseudotitus als Paulusschüler	73
V.5	Die Zebedaiden und das Gericht gegen die Feinde im Pseudotitusbrief	75
VI	Abschließende Überlegungen: Der spanische Beitrag zu Mission und Völkermord durch Jakobus Zebedäus	77
VI.1	Antike	77
VI.2	Mittelalter: Der Konflikt zwischen Islam und Kirche in Spanien	79
VI.3	Neuzeit: Eroberung Amerikas und Völkermord an der Urbevölkerung	82
VI.4	Ergebnis	84
Abbildungsnachweise		89
Literaturverzeichnis		95

Einführung

"Der Herr Jakobus der Große von Galizien, Apostel Jesu Christi, bewirkte noch ein anderes großes Wunder in der Stadt Cuzco, als die Christen dort eingekesselt waren. Man sagt, man habe den Herrn Jakobus unter lautem Donnern herabsteigen sehen. Einem Blitz gleich schlug er in die Festung des Inka Sacsa Guaman ein ... Und als er die Erde traf, erschraken die Indios und sagten, Illapa und Coccha, Donner und Blitz der Christen seien diesen zur Hilfe gekommen. So stieg der Herr Jakobus zur Verteidigung der Christen vom Himmel herab."[1]

Für den Völkermord bei der Eroberung Lateinamerikas ab 1492, dem über 10 Millionen Indios durch spanische, portugiesische und deutsche Hand zum Opfer fielen, wird Jakobus der Zebedaide, Bruder des Johannes, als Patron Spaniens verantwortlich erklärt, zusammen mit seinem Bruder Johannes. Die sogenannten "Donnersöhne" (Mk 3,17) kehren nicht allein als "Blitz und Donner" der Christen, sondern sogar als Illapa und Coccha, den indianischen Göttern, auf die indianische Erde zurück, um deren Bewohner auszurotten. Der vormals "Maurentöter" Jakobus avanciert zum "Indiotöter". Der Schlachtruf "Santiago" = (Sant-Jag (c)o) erklingt wie Jahrhunderte zuvor gegen die Mauren als Signal des Angriffs der spanischen Truppen gegen die indianische Bevölkerung, sobald man ihr auf Lateinisch den Gebietsanspruch von Papst und spanischer Krone auf ihr Land verlesen und sie gefragt hatte, ob sie deren Hoheit anerkennen wollten. Den Mangel einer Reaktion auf Indio-Seite aufgrund mangelnder Sprachkenntnisse hielt man für einen Beweis ihrer Unmenschlichkeit und Gottlosigkeit[2]. Damit war der Heilige Krieg des Jakobus gegen Andersgläubige für die spanischen Truppen legitimiert.

Die christlichen Heere vertreten dabei Spanien und seine Monarchie in Gestalt von Ferdinand und Isabel "den Katholischen". Sie erteilen 1475 und 1482

---

1 M. Delgado, Gott in Lateinamerika, Düsseldorf 1991, S.91 S. auch F. Mires, "Im Namen des Kreuzes", und F. Mires, "Die Kolonisierung der Seelen", jeweils Fribourg 1989 und 1991 P. Strack, "500 Jahre Bevormundung", Stuttgart 1991.
2 M. Jacobs, "Die Kirchengeschichte Amerikas spanischer Zunge", Die Kirche in ihrer Geschichte, Bd.4, S.36; s. auch der Preuße Paw während der Eroberung der Indios: "Der Indio ist noch nicht einmal ein unreifes Tier oder ein kleines Kind, sondern ein degeneriertes Wesen. Die Natur in der westlichen Hemisphäre ist nicht eine unvollkommene, sondern eine verfallene Natur", zit. Bei Juan Ginés de Sepúlveda, Cronica Indiana, Valladolid 1977, zit. Bei Mires, "Im Namen des Kreuzes", S.47.

dem Heiligen Jakobus das Diplom "Licht und Patron Spaniens, Spiegel und Führer der Könige"[3] und nennen ihn ihren "Verteidiger in allen Schlachten, die sie unternehmen". Da sein Patronat sich automatisch über alle neueroberten Gebiete der spanischen Provinzen in Übersee erstreckt, wird Jakobus so auch zum Nationalheiligen auf lateinamerikanischem Boden.

Damit ist die Rolle des Jakobus als "Maurentöter" verstärkt und aktualisiert. In diese Rolle kam der Apostel allmählich auf spanischem Boden ab der maurischen Invasion 711. Während des jahrhundertelangen Kampfes von Spaniern und Mauren um die von diesen besetzten ehemals westgotischen Gebiete Spaniens gebrauchten beide Seiten eine himmlische Erscheinung hoch zu Roß, um den Gegner einzuschüchtern: Jakobus die Spanier, den heiligen Georg oder gar den Erzengel Gabriel die Mauren[4]. In einem lokalen Konflikt stehen sich demnach zunächst himmlische Gestalten in nicht mehr als einem himmlischen Bruderzwist gegenüber, kommen sie doch aus einer dem Islam und Christentum gemeinsamen jüdischen Tradition der Hebräischen Bibel und des Neuen Testaments. Die Auseinandersetzungen um die Rückeroberung – Reconquista – bleibt geographisch begrenzt, und zwischenzeitlich wird auch wiederum die Koexistenz der Religionen praktiziert, verstärkt durch den dritten Partner, die Juden. Der Jakobuskult in seinen Wallfahrten nach Compostela und seiner kriegerischen Form als Maurentöter geht einher mit der Aufkündigung der Koexistenz von Christen an Moslems und Juden und kommt erst verhältnismäßig spät zustande (ab dem 9. Jahrhundert). Und obwohl die Muslime durch Zerstörung der Kirche und Stadt Compostelas versuchen, im 10. Jahrhundert den Einfluß der Jakobuslegende auf das nationale Bewußtsein der spanischen Krone einzudämmen, stellen sie anschließend gerade das vermeintliche Apostelgrab unter ihren Schutz[5] und schreiben über ihn: "Und zwar wird dieser Apostel, welcher für den Messias – Gott segne ihn – der teuerste Mensch auf Erden war, von den Christen als sein Bruder aufgefaßt (Verwechslung mit Jak. Bruder Jesu), weil er sein ständiger Freund und Begleiter war"[6].

Jakobus wird demnach auch von den Moslems respektiert und als eine Art Universalheiliger verehrt, selbst dann, wenn sie seine Kultstätte zerstören.

Unter dem Druck der moslemisch-christlichen Auseinandersetzungen um spanische Gebiete und Machtansprüche kam es auf spanischem Boden überhaupt erst zur Stilisierung einer Jakobus-Legende und eines Jakobus-Kultes.

---

3   López-Ferreiro, Historia VII, 406-408, zit. Bei "Diccionario de Historia Eclesi·stica de EspaÒa, IV, 2189.
4   W. Hoenerbach "Der Jakobsweg", Bensberger Protokolle 68, 1993 S.46.
5   ders. S.49.
6   ders. Islamische Geschichte Spaniens, 1970 im oben zit. Aufsatz S.48f.

O. Engels hat neuerdings[7] aufgezeigt, daß sich das spanische Interesse am Zebedaiden vor der maurischen Eroberung vor allem auf den Nachweis von dessen Mission in Spanien konzentriert hat, nach 711 aber zunehmend an der Verortung seiner Gebeine in Compostela haftete. Ohne die neuzeitliche Unterscheidung zwischen Historie und Legende aufzurichten, dienten beide Interesselagen der Stärkung spanischer Positionen gegenüber Rom einerseits (vor 711) und gegenüber der maurischen Herrschaft (nach 711). Beide Positionen basieren nicht auf dem Neuen Testament. Aus ihm hören wir über den Zebedaiden, daß er nach seinem Wirken im Jerusalemer Raum dort einen gewaltsamen Tod als Märtyrer fand (Acta 12,2). Acta 12, 1 und 3 betonen indirekt die Tatsache, daß ausschließlich Jakobus den Tod durch das Schwert fand, im Gegensatz zu Petrus und den restlichen Gefangenen. Der Bericht vom wunderbaren Tod des Verfolgers Herodes in 12,19-23 nennt als Anlaß "daß er nicht Gott die Ehre gegeben hatte" und die Tatsache, daß das Volk ihn als Gott verehrte (22f). Wir haben es hier sicherlich mit einer selbständigen Wundergeschichte zu tun. Dennoch verknüpft die Redaktion von Acta 12 den Tod des Jakobus mit dem Tod des Herodes, verbunden durch das Wunder der Befreiung des Petrus (12,6-18), sodaß der Eindruck einer Motiv-Häufung entsteht. Soll hier suggeriert werden, daß das Blut der Märtyrer nicht ungesühnt bleiben wird? Die Frage ist deshalb von Bedeutung, weil bislang nicht geklärt werden konnte, woher der "kriegerische Jakobus" in Spanien sein Gewaltpotential bezieht.

In der Tradition in Acta 12,1-3 ist Jakobus völlig gewaltlos, und erst die redaktionelle Verbindung mit Acta 22, 19ff läßt den Gedanken aufkommen, der Tod des Herodes sei auch eine himmlische Rache für dessen Mord an dem Märtyrer.

Zumindest seit den "Thomasakten" läßt sich ein Interesse an der geographischen und nationalen Verortung der Apostel nachweisen: "Wir verteilten die Gegenden der Erde, daß ein jeder von uns in die Gegend, die durchs Los auf ihn käme, und zu dem Volke, zu dem der Herr ihn schickte, reisen solle". (Act. Thom. 1) Für Spanien erwähnt zum ersten Mal Didymus der Blinde neben Hyeronymus und Theodoret (4. Oder 5. Jhdt?), daß "*die* Apostel nach Illyrien und Spanien gereist seien"[8]. Noch ist keine Rede von Jakobus als spanischem Missionar. Doch hat die sog. "Magna Passio" (zwischen dem 2. und 4. Jhdt. im gallisch-spanischen Raum entstanden) Legenden über das *Jerusalemer* Wirken

---

7   O. Engels, "Reconquista und Landesherrschaft", Studien zur Rechts- und Verfassungsgeschichte Spaniens im Mittelalter", Paderborn 1989, besds. "Die Anfänge des spanischen Jakobusgrabes in kirchenpolitischer Sicht", aao. S.301-327, dort auch weitere Literaturangaben, insbesondere S.299.
8   Thomasakten, cp.1, "Neutestamentliche Apokryphen", hrsg. W. Schneemelcher, II, 5. Aufl., 1989, S.303f.

des Zebedaiden auf spanischem Boden verbreitet und ihn so bekannt gemacht. Erst ab dem 5. Jahrhundert behaupten griechische Legenden, Jakobus habe "den Juden in der Diaspora" gepredigt, und daraus wird dann allmählich seine Mission in Spanien abgeleitet. Doch erst *nach 711* (786) publiziert Beatus von Liébana in seinem Apokalypsenkommentar eine Apostelliste, in der eindeutig der Zebedaide als Missionar Spaniens steht[9]. Sie dient der Legitimation christlicher Spanier gegen die Mauren mithilfe der Autorität eines Apostels.

Um den rechtlich gefährdeten Bischofssitz von Compostela zu stärken, wurden Wallfahrten aus aller Welt dorthin gefördert[10].

1077 berichtet der Bischof Paláez in Anlehnung an das "Liber Sancti Jacobi" aus dem 9. Jhdt. (III,19), daß einem griechischen Pilger in einer Vision mitgeteilt wurde, die Gebeine des heiligen Jakobus lägen unter der Kathedrale in Compostela. Dies stärkte den Ort als Bischofssitz und förderte die Wallfahrten und Legendenbildung. Doch noch eine andere Komponente entwickelt sich stetig: die Erscheinungen des Zebedaiden vor entscheidenden Schlachten gegen die Mauren, in denen er sich mit dem Schwert in der Hand und hoch zu Roß auf die Seite der Christen stellt.

Das "Liber Sancti Jacobi" aus dem 9. Jhdt. erwähnt in III,19 im Zusammenhang der christlichen Reconquista von Coimbra eine Erscheinung des Zebedaiden vor einem griechischen Pilger. Ebenso soll er bei der Besetzung Sevillas hoch zu Roß und mit einem Schwert in der Hand die Schlacht zugunsten der Christen entschieden haben.[11]

Die "Jakobussteuer" wird für jegliche Ernte und Kriegsbeute eingeführt[12]. In einem Martyrologium des 9. Jahrhunderts steht von Jakobus "huius beatissimi apostoli sacra ossa ad Hispaniam translata, et in ultimis earum finibus, videlicet contra mare Britannicum"[13].

Die neuere Compostela-Archäologie hat jedoch kein Grab des Apostels identifizieren können[14].

Der Grabkult hat letztlich "den Sinn ... der gotisch-mozarabischen (maurisch/christlichen) Kirchenordnung einen apostolischen Ursprung zu geben" und aus Jakobus nicht nur einen Apostel für Santiago, sondern für ganz Spanien zu

---

9 Engels, aao. S.311 und S.307.
10 Engels, aao. S.311 und S.307.
11 Diccionario ... Sp.2189.
12 ebd.
13 Martyrologium von Floro von Lyon, zit. im Diccionario ... Sp.2186.
14 Es fand sich jedoch unter der Kirche aus dem 9. Jahrhundert ein Fundament aus vorherigen Jahrhunderten und ein römischer Sarkophag aus dem 1. oder 2. Jhrdt. n. Chr., jedoch kein Hinweis auf ein Apostelgrab oder –Reliquie; s. dazu Engels, S.307, und S.301, A. 2 und 3 (weitere Literaturangaben).

machen¹⁵, und dabei die Rivalität Spaniens mit den Mauren einerseits, mit Rom anderseits im Namen eines Apostels, "größer als Petrus" siegreich zu beenden.

Die Jakobusfrömmigkeit in Spanien gewann so den Rang einer ƒtiologie von Macht und Gewalt, in deren Verlauf der zunächst gewaltlose Apostel zum Mauren- und später Indiomörder erklärt wurde. In seinem Namen sind Millionen Andersgläubiger getötet worden. Sein Name autorisierte auf amerikanischem Boden den Völkermord. Wie aber vollzog sich inhaltlich die Entwicklung einer Mordgestalt? Liefert etwa die biblische Tradition über den bereits erwähnten Kontext von Acta 12,2 hinaus Hinweise auf Gewaltelemente?

Und: wie gelangten Kenntnisse davon nach Spanien, und frühestens ab wann ist in Spanien von Jakobus die Rede, jenseits der erwähnten Quellen aus dem 4. Jahrhundert?

Wir wissen nicht genau, wann es in Spanien zu einer Jesus-Mission gekommen ist. Von Paulus wissen wir aus Rm 15,24, daß er sie geplant hatte. Ob er der einzige war, der sie vorhatte, ist ungewiß.

Aufgrund der breit angelegten missionarischen Bewegung im Namen Jesu, durch die wir aus den Paulusbriefen, insbesondere den Galater- und die beiden Korintherbriefe erfahren, ist eher anzunehmen, daß Paulus einer unter vielen anderen gewesen ist, die im Römischen Reich missioniert haben.

Durch die Verhaftung und die Verurteilung des Paulus und seinen nachfolgenden Tod wurden seine Spanienpläne insofern vereitelt, daß er sie persönlich nicht realisieren konnte.

Sie sind ihm aber immer wieder angedichtet worden, sodaß zumindest gefragt werden muß, ob SchülerInnen des Paulus in seinem Geist nicht das Projekt realisiert haben¹⁶.

Jedenfalls liegen zwischen den Tod des Paulus in den frühen sechziger Jahren des 1. Und der Erwähnung spanischer Kirchen durch Irenäus in der Mitte des

---

15 Engels, S.324.
16 so die Act. Verc, Lipsius 1,44: Paulus habe in Rom von Christus den Auftrag bekommen, den Menschen in Spanien ein Arzt zu sein; und Canon Muratori, Z.38: die Apostelgeschichte sei geschrieben worden vor der Reise "ab urbe (Romana) in Spaniam". Auch die von 1. Clem. 5,7 gewählte Bezeichnung ἐίς τό τέρμα τῆς δύσεως könnte nach antiker Tradition als "westlichsten Punkt" die Säulen des Herakles in Spanien meinen. Diese römische Quelle aus dem Ende des 1. Jahrhunderts, die ähnlich wie die Apostelgeschichte des Lukas zwar dessen Tod verschleiert, doch an seinem Ruhm interessiert ist, weiß mehr als sie sagt. Sie ist bei aller Unklarheit über die Frage, ob Paulus selbst in Spanien war oder nicht, ein Hinweis darauf, daß es Ende des 1. Jahrhunderts jedenfalls eine paulinisch verstandene Jesusmission in Spanien gab.

zweiten Jahrhunderts[17] ca. 90 Jahre, für die wir keine Quellen über die Entstehung einer Kirche in Spanien besitzen, wenn wir die Andeutungen in 1. Clem 5,1ff ausklammern. Die bereits erwähnten Acta Thomae verteilen in der gleichen Zeit die "Gegenden der Erde" an die "Apostel alle in Jerusalem" und erwähnen dabei in einer Namensliste "Jakobus, des Zebedäus Sohn", ohne ihm allerdings ein bestimmtes Gebiet zuzuordnen. Dies war vor allem deswegen nicht erforderlich, weil in jener Zeit unbestritten war, daß er über den judäischen Raum nicht hinausgekommen war und ein relativ frühes und gutbelegtes Ende in Jerusalem fand. Dennoch hat die Tatsache, daß sein Grab unbekannt blieb oder die Leiche vermutlich gar nicht bestattet wurde, zu den im hellenistischen Judentum üblichen Spekulationen über die Erhöhung der Märtyrer Anlaß geliefert[18]. Doch die Thomasakten muten auch bei Lebzeiten den Aposteln große Entfernungen zu, wie am Beispiel des Thomas deutlich wird, der für Indien ausersehn ist. Genauso universal, allerdings summarisch, ist Mt 28,16ff gemeint: "alle Völker" zu SchülerInnen zu machen.

In dem erwähnten Zeitraum zwischen Römerbrief und der Notiz des Irenäus in Adv. Haereses müssen in Spanien demnach Jesusgemeinden entstanden sein.

Nun geschah dies nicht in einem luftleeren Raum, sondern, wie wir aus Gal 2,9 wissen, entweder auf der Basis schon vorhandener Synagogen "zu den Beschnittenen" oder aber "zu den Heiden".

Auf diese Weise können wir ebenfalls die Gemeindegründungen in Spanien annehmen: Jesusgemeinden aus Juden- und Heidenchristen, wobei Paulus sich auf letztere konzentrieren wollte (Rm 15,24ff). Im Zuge dieser Gemeindegründungen wäre dann die Jakobustradition nach Spanien gekommen, voraussichtlich Ende des 1. Jahrhunderts, höchstwahrscheinlich durch Verbreitung der synoptischen Überlieferung. Dafür haben wir in Spanien keine Belege, doch so wäre es denkbar.

An dieser Stelle muß die Frage nach dem Antrieb der *missionarischen Bewegung* gefragt werden. D. Georgi und im Anschluß daran A.C. Dewey haben den großen Stellenwert der Utopie bei Paulus im Sinne einer "gegenkulturellen Bewegung" angesichts der Expansionspolitik der römischen Cäsaren hervorge-

---

17 Tertullian, Adv. Jud. 7,1f. nennt unter anderen die "Grenzmarken Spaniens alle" als "Orte, an denen der Name des Christus regiert". Irenäus (adv. Haer 10,1f.) blickt darauf zurück, daß "die in Germanien gegründeten Kirchen nichts anderes glauben und überliefern als die in Spanien oder bei den Kelten". Auch macht die – im Verhältnis zu Tertullian etwas frühere – Darstellung des Irenäus über die Ausbreitung der Botschaft "über die ganze Welt" den Eindruck eines bereits länger zurückliegenden Vorgangs.
18 Philo, Vita Mos. II,288ff.

hoben[19]. So wäre die paulinische Mission "bis an die Enden der Welt" getragen von dem Auftrag, den Völkern ihre Befreiung von römischen und anderen Beherrschungsgesetzen durch den Gekreuzigten zu verkünden. Mission ist hier völlig gewaltlos demokratisch und befreiend verstanden, im radikalen Unterschied zu späteren Missionsbewegungen der Kirche des Mittelalters und der Neuzeit, vor allem jener an den Bewohnern Amerikas. Aus dem Verlust des Utopischen und dessen Ersatz durch die Versklavungs-Theorie resultiert die Gewalt auf amerikanischem Boden.

Eine weitere Frage wird durch den *Jakobusbrief* aufgeworfen. Er richtet sich als ein Schreiben des Patriarchen *Jakob* (redivivus) an "die Gemeinden in der (jüdischen) Diaspora" (1,1f). Er ist aber seit alters auch dem Jakobus (Zebedäus oder Bruder Jesu) zugeschrieben worden[20].

Falls die "Diaspora" auch Synagogen in Spanien meint, in denen der Name des *Jakob* etwas gilt, ist die gegenseitige Durchdringung von Jakob/Patriarch und Jakobus/Apostel auch in Spanien nicht auszuschließen.

Unsere Frage, *wie die Jakobustradition nach Spanien kam und ob sie immer schon Elemente der Gewalt enthalten hat,* ist zu erweitern: gab es vor der Jesusmission in Spanien *eine Jakobstradition und enthielt sie evtl. kriegerische Züge?*

Oder: seit wann gab es Juden in Spanien und seit wann jüdische Gemeinden auf spanischem Boden?

Schließlich: Welche Beziehungen gibt es zwischen jüdischer und christlicher Mission vor und nach der Zeitenwende und der späteren Figur des Mauren- und Indiotöters Jakobus?

Mit diesen Fragen beschäftigen sich die folgenden Kapitel. Dabei liegt das Hauptinteresse darin, neue Impulse für die bisher einseitig auf Compostela festgelegte Jakobus-Diskussion zu bringen, besonders aufgrund der Verbindung von Jakobsfrömmigkeit und Völkermord während der Reconquista in Spanien und der Conquista in Lateinamerika. Insofern versteht sich die Arbeit als Beitrag auch zur lateinamerikanischen Theologie der Befreiung anläßlich der "500 Jahre Eroberung" Lateinamerikas.

---

19 "Religious Propaganda and Missionary Competition in the New Testament World", FS für D. Georgi, "Ἐίς τὴν Σπανίαν The Future and Paul", 1994, S.321ff.
20 So Dibelius, 6. Aufl., 1984 (KEK).

II Jakobus im Neuen Testament und den neutestamentlichen Apokryphen

Wie oben angedeutet, wurde im Nordwesten Spaniens, in Santiago de Compostela, die Legende von den Gebeinen des Zebedaiden in einem antiken Mausoleum verbreitet. Weder archäologisch noch literarisch konnten die dort gefundenen Reste als die des Zebedaiden bestätigt werden. Im Gegenteil: weder die lateinischen noch griechischen Apostelakten erwähnen eine Jakobus-Reliquie. Die neutestamentliche Tradition legt Wert auf den Tod, aber nicht auf das Grab oder den Verbleib der Leiche irgendeinen Wert. Die Zugehörigkeit des Apostels zu Jerusalem gilt als gesichert. Erst das spanische "Breviarium apostolorum" des 8. Jahrhunderts bringt den Zebedaiden mit der Missionierung Spaniens und seinen Tod mit dem Mausoleum in Santiago de Compostela in Verbindung.[1]

Bis dahin hatte die spanische Kirche über ihre Jesusmission im 1. Jahrhundert eine ganz andere Theorie vertreten: 7 "varones apostólicos" (7 männliche Apostel) hätten Spanien missioniert[2]. Diese aus Acta 6,3ff entwickelte Theorie nennt allerdings eine andere Namensliste als die aus Acta 6,5 und verweist eher nicht auf Jerusalem als Herkunftsstadt[3].

Die Umwidmung der Spanienmission auf Jakobus geschah erst im 8. Jahrhundert aus Rivalität gegen Rom/Petrus/Papst und Islam und dessen Einsatz einer Helfergestalt in Form des Heiligen Georg, des Erzengels Gabriel oder gar des Zebedaiden selber.

---

1 Nach den Ausgrabungen in Compostela handelte es sich um ein "paläochristliches Mausoleum" mit drei Skeletten, deren eines enthauptet war. Die Skelette waren nicht zu identifizieren, während das Mausoleum der Zeit zwischen dem dritten und fünften Jahrhundert zugeordnet wurde. Doch ist bedeutsam, daß die Legende sowohl von einer Bestattung des Zebedaiden als auch des Priszillian in Compostela spricht, die beide geköpft worden sind. Weiteres bei Plötz, "Der Apostel Jacobus in Spanien bis zum 9. Jahrhundert", S.41, A 40.

2 Das Römische Myrtyrologium erwähnt sie namentlich zum 15. Mai. Dabei zählt es vier lateinische und drei griechische Namen. Die Siebenzahl erinnert an Acta 6,5, hat aber keine namentliche Beziehung dazu. S. dazu P. Gams, "Die Kirchengeschichte in Spanien", Graz 1956, S.76ff.

3 Eher auf Rom. Sind die spanischen "Siebenmänner" eine Analogiebildung zu dem Ersatz der "hebräischen" Osterzeuginnen durch hellenistisch-jüdische Jesusmissionare in Acta 6,1ff, so könnten sie eine Ersatzfunktion römischer Jesusmissionare für den gefangenen (und hingerichteten) Paulus für Spanien darstellen. Dazu D. Georgi, "Der Armen zu gedenken", S.114ff. und Gams, aaO.

Woher aber kommt dem spanischen Zebedaiden das Gewaltpotential zu? Hängt es mit neutestamentlicher Überlieferung und deren Auslegung auf spanischem Boden zusammen?

II.1 Der Zebedaide im Neuen Testament: Paulusbriefe

Paulus erwähnt "Jakobus" im Galater- und im 1. Kor.brief. Neben Gal 1,19 gibt es in Gal 2 zwei weitere Erwähnungen von Jakobus. Es kann sich dabei nur um den Herrenbruder handeln, da die Rede von den damals gegenwärtigen "Säulen" ist (Jakobus, Kephas und Johannes), und zu dem von Pls geschilderten Zeitpunkt (15 Jahre nach Berufung des Paulus, also ca. 35 plus 15=50) der Zebedaide schon mehrere Jahre tot war. (Gal. 2,9)

In 1. Kor. 15,7 gehört V 4 die Erscheinung vor "Kephas, dann den Zwölfen" zur übernommenen Bekenntnisformel. Wenn darin bereits der Zebedaide mitenthalten ist, dann muß in V 7 der dort genannte Jakobus ein anderer sein, wahrscheinlich auch der Herrenbruder. Wenn aber nicht, so könnte in V 7 auch eine Parallelisierung zwischen Kephas aus V 4 und dem Zebedaiden als ersten unter "den ApostelInnen allen" vorliegen, und wir hätten dann eine Christophanie des Auferweckten für den Zebedaiden. Die erste Annahme ist jedoch wahrscheinlicher.

II. 2 Jakobus in den Evangelien

Kommen wir zu den Evangelien, so findet sich der Zebedaide nie allein genannt, sondern mit seinem Bruder Johannes (Mk 10,35ff); zu dritt mit Petrus (Mk 5,21ff; 9,2; 14,33) oder zu viert (Mk 1,16ff).

Über die Herkunft dieser Anordnung gibt es unterschiedliche Theorien: 1. Analogie zur Qumran-Gemeinde (drei Priester und zwölf leitende Männer, die Israel repräsentieren)[4]. 2. Kopie des römischen Kollegialstils[5].

Dem ersten Modell entspricht allerdings bereits die Dreierführungsgruppe der *Osterzeuginnen*[6] (Mk 15,40;16,1) Mt kennt außerdem eine Frauen-Zweier-

---

4 K. Berger, "Theologiegeschichte des Urchristentums", Tübingen 1994, S.131ff.
5 G. Schille, "Die urchristliche Kollegialmission", Zürich 1967.
6 Wie in Mk 16,1 und 15,40f zitiert. Die Drei sind bewußt von Mk hervorgehoben aus den "vielen anderen Frauen" in 15,40f. Sie repräsentieren sie als Dreiergremium analog zu den "drei Säulen = Priestern" in Qumran, auf die Berger hinweist. Dies zeigt, daß die Osterzeuginnen sich in Form einer Dreierleitung organisiert hatten und ihre Tempelkritik wie die Qumranbewegung so zum Ausdruck brachten. Joh 20,11ff

gruppe (28,1); Johannes 20,11 hebt neben der Zweier-Konstellation Maria/ Martha in 11, 1ff die Ostervision der Maria Magdalena hervor. Mit Ausnahme des letztgenannten schwanken die Zahlenanordnungen der Zebedaiden ebenfalls zwischen zwei und drei (die Viereranordnung halte ich für die Verknüpfung zweier Paare, s.u. zu Mk 1,16 ff). Dies könnte bedeuten, daß die Bildung "Zebedäussöhne mit oder ohne Petrus" mit den älteren Frauen-Leitungsgruppen rivalisiert oder gar auf deren Verdrängung zielt (analog zu den von Paulus zitierten drei "Säulen"). Petrus kommt in beiden Gruppierungen vor.

Könnten die Zebedaiden in ihrer Erwähnung also auch dem Ziel gedient haben, die Beachtung der vor dem Kreuz geflohenen und später aus Galiläa zurückgekehrten männlichen Jünger zu vergrößern?

II.2.1 Die Zebedaiden zu zweit

Jakobus ohne Johannes gibt es nicht in den Evangelien. Beide stehen im Zusammenhang der Aussendung, und für diese scheint die Zahl "2" zu stehen: "Und er begann, sie zwei und zwei zu entsenden".
(Mk 6,7). Auch Paulus kennt die Paarstruktur (s. Briefanfänge und -Schlüssel), übernimmt aber gerade nicht die für Antiochia charakteristische paarweise, nach dem Theios-Aner-Modell geschehende Mission als pneumatische Machtdemonstration[7].

Mk 1,18-20 und Parallelen

Der Text steht in einem Zusammenhang, in dem das Stichwort "Menschenfischer" die Berufung des Petrus/Andreas und die der Zebedaiden verbindet, wie auch deren Herkunft aus Galiläa und ihren Beruf (Fischer). Doch waren V 16 f wahrscheinlich älter als 18-20, die einen anderen Akzent setzen (nämlich das Verlassen des Vaters). Die Zebedaiden werden als Unternehmersöhne eines

---

mit Maria Magdalena allein bietet demgegenüber ein früheres Stadium, obwohl in einer sehr viel späteren Redaktion.

7 D. Georgi hat v.a. in der englischen Ausgabe der "Gegner des Paulus im 2. Korintherbrief", "The Opponents of Paul" Edinburgh 1987, das Verhältnis zwischen dem "göttlichen Menschen" als einem weitverbreiteten Ideal der Antike "seit Alexander und bis Konstantin" im kulturellen Wettbewerb der Religionen und dem sozialen und ökonomischen Wettbewerb des antiken Marktes aufgezeigt, an denen das Judentum aktiv partizipiert hat, so auch in seiner Variante als antiochenisch inspirierter Jesusmission, mit dem Akzent auf Jesus als "außerordentlichem Menschen". S.v.a. den "Epilog", S.390ff.

Vaters vorgestellt, der sich Tagelöhner (μισθοτοί) leisten kann. Die ursprüngliche Geschichte betonte wohl das Verlassen des Erbes gegenüber dem unsicheren Wanderpredigertum (bei Mt durch ἠκολούθησαν noch hervorgehoben). Der redaktionelle Markus-Kontext "Menschenfischen" verändert die Geschichte.

Einerseits wird damit der Hinweis auf urchristliche Mission noch verstärkt. Anderseits thematisiert das "Menschenfischen" wegen seiner prophetischen Herkunft aus Jer 16,16 die Sendung zum Gottesgericht. Die Zebedaiden sollen die Nähe der als kritisches Gottesgericht ankündigen, gerichtet an das Volk Gottes.

Durch das Stichwort "Menschenfischer" wird das Paar der Zebedaiden mit dem des Petrus und Andreas zu einer Vierergruppe verquickt mit dem Ton "Die Sendung der beiden galiläischen Missionarskollegien", vergleichbar mit anderen Paaren wie z.B. Paulus und Barnabas, Paulus und Timotheus, aber auch Tryphäna und Tryphosa (Rm 16,2), Maria und Martha (Joh 11). Hier ist nachösterliche Tradition, vergleichbar mit Joh 21, also die Aussendung der Geflohenen durch den Auferweckten, einer redaktionellen Vorgeschichte zur Passionsgeschichte des Evangeliums dienstbar gemacht worden.

Joh 21,2 bietet aber den älteren Sitz im Leben dieser Tradition. Dort werden auch die beiden Zebedaiden ("und zwei andere von seinen Jüngern"[9]) erwähnt, ebenfalls in Galiläa.

Ihnen erscheint der Auferweckte, nachdem sie geflohen sind, und lehrt sie auf wunderbare Weise fischen (21,4-6).

Gegenüber der Jerusalemer Frauentradition der OsterzeugInnen (Joh 20,11ff; Mk 16,1-8) haben wir es demnach mit einer sekundären Berufung männlicher Missionarspaare zu tun.

Mk 10,35-41 parr

Der Text ist uneinheitlich, aus verschiedenen Teilen: 35-38a (Bitte um den höchsten Rang); 38bf ("biographisches Apophtegma") 40f (Anknüpfung an 38a – Reaktion der "Zehn"). Mt verschärft die Bitte der Zebedaiden durch die Autorität der Mutter. Ohne 38bf wirkt der Text wie ein Machtanspruch analog zu Mk 9,33-35, zugespitzt auf die Zebedaiden als besonders krasses Beispiel für das Unverständnis der Jünger.

Doch habe – so neuerdings M. Oberweis –[8] der gewaltsame Tod der Zebedaiden den Text in unserer jetzigen Fassung dieses vorherigen Charakters befreit. Oberweis nimmt einen Einfluß von Sacharja 4,1-6 LXX auf unsere

---

8 New Testament Studies, 1, Jan. 1998, "Das Martyrium der Zebedaiden in Mk 10,35-40 (Mt 20,20-23) und Offbg 11,2-13", S.74-92.

Perikope an: die Plätze "links und rechts" seien die beiden Ölbäume = die beiden Gesalbten auf ihren *Ehrenplätzen nach dem Martyrium* (so wie die Ölfrüchte ausgepreßt werden müßten). Sach 4,11-14 geben einen Hinweis in diese Richtung, indem sie das ausgepreßte Öl in zwei goldenen Röhren neben dem goldenen Leuchter (Jahwe) herabfließen lassen mit der Bedeutung: "Das sind die beiden Gesalbten, die vor dem Herrn der Erde stehen" (Sach 4,14).

Nach Oberweis hat die Deutung des Martyriums der Zebedaiden (aufgenommen in Offbg 11,3ff) in unserer Perikope das Unverständnis der Jünger mithilfe von Sach 4,1-14 umgewandelt in deren solidarisches Mitsterben und Miterhöhtwerden mit dem Gekreuzigten. Wir haben es hier also mit einer Märtyrerchristologie zu tun, die Jesus und seine Anhänger als gleichrangig leidende und erhöhte Blutzeugen verstehen. Daß sie sehr früh Verbreitung fand, zeigt uns die Bekenntnistradition im Rm 3,25f in der Jesus als Märtyrer der römischen Gemeinde bekannt war.

Daß Märtyrer trotz ihres eigenen gewaltlosen Todes durchaus kriegerische Reaktionen inspirieren können, zeigt uns die Geschichte der Makkabäer: in 2. Makk 7 kündigen die Verurteilten wiederholt den Folterern das Gericht Gottes für ihre Untaten an. Das cp 7 mit dem Martyrium der 7 Söhne samt ihrer Mutter löst seinerseits den Bericht über den Tod des Verfolgers ab cp 8ff aus. Immer ist allerdings an ein Strafgericht Gottes und nicht an eine menschliche militärische Rache gedacht. Dennoch geht es dabei um ein Gericht Nichtjuden, bzw. Ungläubige. Vermutlich sollte bei der Frage nach der Herkunft der *Gewalt der Jakobusfigur im mittelalterlichen Spanien* die Rolle der jüdischen Märtyrerliteratur nicht unterbewertet werden; zumal das Neue Testament in unserer Perikope den Märtyrerzusammenhang selbst herstellt.

II.2.2 Die Zebedaiden mit Petrus als Dreiergruppe

An vier Stellen geht es um diese Gruppierung: Mk 3,13 als drei mit speziellen Namen innerhalb der "Zwölf"; in Mk 5,21ff als Zeugen der Auferweckung der Tochter des Jairus; bei der Verklärung Jesu in Mk 9,1ff; und ion der Gethsemaneszene Mk 14,32ff.

Abgesehen von Mk 3,13ff heben die restlichen Perikopen die Drei als Adressaten einer besonderen Offenbarung des Christus hervor. Mk 9,1ff wird darüber hinaus für eine ursprüngliche Osterchristophanie gehalten[9]. Daraus stellt sich die Frage, ob die männlichen Drei als Gruppe nicht, wie oben vermutet, als eine (mit Mk 14 und 16) mit den Frauen als Kreuz- und Auferweckungszeuginnen rivali-

---

9 Bultmann, "Die Geschichte der Synoptischen Tradition", S.278ff.

sierende Bildung darstellen, die nach der Vertreibung der Frauen aus Jerusalem als Legitimation für die aus Galiläa zurückkehrenden Männer entstanden ist[10].

Mk 3,13ff parr

Im Gegensatz zu den Parrallelen Mt 10,1ff und Lk 6,12ff findet sich nur bei Mk die besondere Benennung der Zebedaiden als "Donnerabkömmlinge" = βοανηργής = οἱ υἱοί βροντῆς Blaß-Debr. § 162 deutet den Namen noch als "Donnerschläge. Unklar ist, was der Name bedeutet. Lk 9,54 bringt die Zebedaiden mit der Elia-Tradition in Verbindung (2. Kön 1,10-12). Im Gegensatz zur Elia-Geschichte wird den Zebedaiden die Zerstörung eines Dorfes in Samarien durch Blitz (Feuer) durch Jesus verwehrt (Lk 9,55).

Diese Elia-Tradition hat möglicherweise auch für die Benennung der Zebedaiden in Mk 3,13-15 den Hintergrund geliefert, den Gerichtscharakter ihrer Sendung unterstreichend.

Außerdem stellt Mk 3,13-15 die folgenden Verse 16-19 in den nachösterlichen "Berg/Galiläa" analog zu Mt 28,18ff und definiert die Aufgabe der "Zwölf": mit dem Auferweckten zu sein, ihn zu repräsentieren (ἀποστέλλειν) und Gewalt über die Dämonen auszuüben.

Dies ist jedoch auch die Definition der urchristlichen Wandermissionare als Theioi Andres.

---

10 Noch in der Tradition Mk 16,1-8 begegnen die drei Frauen Mk 16,1 im Zusammenhang mit dem Motiv, die Auferweckung Jesu den männlichen Jüngern in Galiläa 16,7 auszurichten. Bultmann nimmt in Syn.Trad 309 zu Recht an, daß in 16,1-8 die ursprüngliche *Flucht* der Jünger nach Galiläa durch die Umwandlung in einen *Auftrag* durch den Auferweckten geschönt werden sollte. Außerdem fällt auf, daß die Priorität der Frauen bei der Auferweckungsbotschaft in 16,1-6 ab V.7 verändert wird in eine reine Mittlerinnenfunktion, was der V.8 wieder korrigiert. Aus dem Galaterbrief entnehmen wir in cp 2,9, daß es in Jerusalem drei führende Apostel gibt, bei denen die gleiche Konstellation herrscht wie in den späteren Evangelien – Petrus, Jakobus, Johannes –; dabei ersetzt der Bruder Jesu den bereits zehn Jahre vorher getöteten Jakobus Zebedäus. (Acta 12,2).
Mk 16,1 enthält demgegenüber – trotz seiner redaktionell legendären und sekundären Form – die ältere Organisationsform der Leitung der Jerusalemer Gemeinde: die drei Frauen. Nimmt man für den Tod Jesu das Jahr 30 an und für den Bericht des Treffens zum "Apostelkonvent" das Jahr 48, so muß die ursprüngliche Leitung der drei Frauen in diesen achtzehn Jahren in Vergessenheit geraten oder unterdrückt worden sein, worauf das Bekenntnis 1. Kor 15,3-5 mit seinem bewußten Verschweigen der Frauen als OsterzeugInnen ebenfalls verweist. Das Bekenntnis selbst stammt aus den dreißiger Jahren und muß in seiner Originalfassung in V 5 eine Frauennamensliste enthalten haben. Daß es alte Osterbekenntnisse von Frauen gab, zeigt Joh. 11,27.

Diese Aufgabe erhalten nach Mk 3 alle Zwölf; innerhalb der Liste der Zwölf Mk 3,17f erhalten die Zebedaiden im Unterschied zu den anderen Aposteln den Zunamen "Boanerges"; zusammen mit Petrus führen sie die Liste an. Mk legt Wert darauf, daß die "Zwölf" erst geschaffen werden müssen (ἐποίησεν δώματα), V 14. Sie sind ein bewußtes Produkt innerhalb der nachösterlichen Mission.

Mk 5,22ff; 35ff parr

Der Text ist verschachtelt mit der Heilung der blutflüssigen Frau (so bei Mk und Lk 8,40ff). Bei Mt 9,18ff fehlen die beiden Zebedaiden und Petrus! Lk füllt sie auf mit den Eltern der Jairustochter. Möglicherweise hat Mt die ursprüngliche Form ohne die Drei erhalten.

Doch auch die Mk-Version sieht in V 37a καὶ οὐκ ἀφῆκεν so aus, als wäre die Dreiergruppe durch Mk mit εἰ μή angehängt. Die vormk. Erzählung betonte demnach, daß die Heilung unter Ausschluß aller geschehen sei. Mt kennt die Geschichte *ohne* die Drei. Doch auch in Mk 5,40 werden andere Zuschauer ohne die Drei erwähnt. Schmahl[11] meint, Mk habe die Dreierliste aus Mk 3,13ff hier eingetragen. Offenbar bestand für das Image der Drei Aufwertungsbedarf!

Dies wird noch unterstrichen durch Joh 11. Sie ist eine sehr alte, um Maria und Martha herum entstandene, Auferweckungsgeschichte, ursprünglich im Osterkontext. In ihr wird das Messiasbekenntnis durch Martha formuliert (11,27).

Entsprechend der Vertreibung der Frauen aus der Jerusalemer Leitung könnte Mk 5,37 der Versuch sein, in einem analogen Auferweckungswunder die Frauen durch die drei Männer zu ersetzten und zu Petrusbekenntnissen zu führen.

Außerdem steht die Geschichte außerhalb der Passionsgeschichte, mit der ansonsten untrennbar die Frauen und nicht die Männer verbunden sind.

Mk 14,32-42 parr

Die Drei finden sich nur bei Mt 26,36ff und Mk, wobei Mt zusammenfaßt (τοὺς δύο υἱοὺς Ζεβεδαίου). Lk 22,40ff streicht die Drei aus der Gethsemaneszene.

Die Drei könnten in die Mk-Fassung aus der Stichwortassoziation "Gethsemane" = Öle- bzw. Salbenkelter[12] = "Gat Schemanim" = Öltal oder Kelter der Zeichen mit dem ποτήριον = Becher und 14,36 geraten sein. Beides knüpft an Mk 10,35ff an mit dem Versuch, die Drei wegen ihres Martyriums in den Kontext der Passion Jesu zu bringen.

---

11 G. Schmahl, "Die Zwölf im Markusevangelium", Trier 1974.
12 Oberweis aaO.

Doch gereicht es ihnen nicht gerade zum Ruhm: alle drei werden von Jesus kritisiert, weil sie "schlafen" und "nicht eine Stunde wachen können". Die Drei erweisen sich im Gegensatz zu den Frauen Mk 14,1ff; 15,41ff und 16,1ff als *Versager*. Mk und Mt bescheinigten ihnen Flucht (Mk 14,50; Mt 26,56) und lassen den Petrus als Verleugner Jesu auftreten (Mk 14,66ff; Mt 26,69ff), während Lk ihn entlastet (Lk 22,56ff, v.a. V 62).

Die Gethsemaneszene ist in der Einschätzung der Drei die kritischste. Sie könnte, wie vermutlich die Passionsgeschichte, aus Frauenhand stammen. Sie bildet natürlich auch zu Mk 10,35ff ein kritisches Korrektiv. Jesus muß *ohne* die Drei den Gang zum Kreuz vollziehen.

Mk 9,1ff parr

Wie bei Hahn und Georgi[13] ausgeführt, entsteht die Perikope aus dem Vergleich Jesu mit Mose und Elia unter dem missionarischen Thema "ein Prophet wie Mose". Daß die Perikope einmal die Apotheose bzw. Himmelfahrt des Jesus mit Mose und Elia darstellte, ergibt sich aus der doppelten Negation Mk 9,8 οὐκέτι οὐδένα; diese setzt voraus, daß Jesus nicht mehr da ist und in den Himmel aufgenommen wurde. Mk aber ergänzt den Satz um εἰ μή τόν Ἰησοῦν μόνον. Damit verknüpft er diese Perikope mit der folgenden Passionstradition und stellt ihren vormaligen Sinn auf den Kopf: Jesus wird nicht ohne Passion und Kreuzigung erhöht!

In der ursprünglichen Fassung gehörten die "Drei" zu spiegelbildlichen irdischen Zeugen der himmlischen Drei, sozusagen in der Rolle eines verdreifachten Elischa bzw. Josua. Dabei hatte die Himmelsstimme den Zweck, den Rang Jesu seinen Statthaltern klarzumachen: in Anlehnung an Dt 18,5 als den größten der Theioi Andres. Dem entspricht auf der Jüngerseite das Bedürfnis nach Niederlassung auf dem Berg in der Hoffnung, selber der Transfiguration teilhaftig zu werden. Mk verändert auch dies in ein Unverständnis der Jünger gegenüber dem nun bevorstehenden Leiden Jesu – wieder fällt von dort ein kritisches Licht auf die "Drei".

Es fällt ebenfalls auf, daß in den untersuchten Perikopen wie auch in dieser die Dreier-Gruppe nicht durchgehalten wird: sie wird zwar in ihnen eingeführt, doch dann verschwinden die Zebedaiden vor der Einzelrolle des Petrus.

Dies könnte ein weiterer Hinweis auf die Künstlichkeit der Verbindung Zebedaiden/Petrus sein.

Vermutlich sind die Drei nach Ostern *anstelle der Frauen*, die Mk 16,1 erwähnt werden, zu einer wichtigen Stellung in der Jerusalemer Gemeinde gelangt,

---

13 Opponents, S.172 und A 559.

die dazu führte, die drei "Säulen" die von Paulus in Gal 2,9 genannt werden, nach der Ermordung des Zebedaiden Jakobus durch Jakobus, den Bruder Jesu zu ersetzen. Der "Säulen"-Begriff mag im Gegenüber zum Tempel eine Rolle gespielt haben, weil analog zum "Drei-Priester"-Modell Qumrans darin die Übernahme von Tempelmetaphorik *außerhalb* des Tempels zum Ausdruck kam. Dennoch ist diesem Modell das der "drei Frauen" am Ostermorgen zuvorgekommen, mit der Bedeutung: der Tempel als die drei Frauen wandert zu einem neuen Ort, dem Grab des Auferweckten, und erhält durch ihn eine neue Weisung (Mk 16,1ff). Wie in Mk 16,8 berichtet, befürchten die Frauen es, die Nachricht von der Auferweckung den geflohenen Männern auszurichten. Die restlichen Evangelisten berichten von der negativen Reaktion der flüchtigen Jünger und der Notwendigkeit von eigenen Christo- und Angelophanien, um sie zur Rückkehr nach Jerusalem und der nachfolgenden Mission zu bewegen.

II.2.3 Apokryphe Literatur

Vor allem der Pap. Egerton = "Ev. der Maria Magdalena"[14] zeigt die Priorität der Osterchristophanien vor Frauen und die wütend/eifersüchtigen Reaktionen v.a. des Petrus.

Nach einer einleitenden Vision des Christus vor Maria fordert dieser die JüngerInnen zur Mission auf. Die männlichen Jünger reagieren "verwirrt" und sorgen sich um ihr gefährdetes Leben: "Wenn nicht einmal dieser verschont wurde, wie sollten wir da verschont werden?"

Maria Magdalena tröstet darauf die Jünger und ermutigt sie aufgrund der ihr gewährten besseren Einsicht: "Weint nicht und seid nicht traurig und auch nicht unentschlossen, denn seine Charis wird mit euch allen sein und euch beschützen". Das glauben Petrus und Andreas nicht wegen des Geschlechts der Maria Magdalena: "Sprach er denn mit einer Frau heimlich vor uns und nicht offen? Sollen wir umkehren und auf sie hören? Hat er sie uns gegenüber bevorzugt?"

Maria verteidigt sich und bekommt Unterstützung durch Levi: "Sicherlich kennt der Erlöser sie ganz genau. Deshalb hat er sie *mehr als uns geliebt*".

Die Schrift wurde spät datiert (auf das dritte Jahrhundert)[15], doch kann aufgrund der zwar diskutierten, aber dennoch überlegenen Position der Maria Magdalena auch sehr früh datiert werden (in Nähe zu Joh 20,11ff, eine der ältesten Ostergeschichten schlechthin). Der oben zitierte Abschnitt zeigt einen

---

14 Schneemelcher, NT Apokr. I, 5. Aufl., S.315.
15 Schneemelcher, NT Apokr. I, 5. Aufl., S.313.

Streit der Petrus-Leute um die Frauenmacht, jedoch ebenfalls Sympathisanten aus der Männergruppe (Levi).

Die Zebedaiden spielen in diesem alten Osterkontext gar keine Rolle.

Aus der Tradition des Johannesevangeliums heraus wurde NHC V, die *Apokalypse des Jakobus* entwickelt. Die vorliegende Form stammt aus dem dritten oder vierten Jahrhundert, doch scheint der Urtext eine Reaktion auf die Zerstörung Jerusalems zu sein. "Jakobus" deckt mindestens zwei, wenn nicht drei aus den Evangelien bekannte Namensträger ab: p.1,1f entweder den johanneischen Lieblingsjünger oder den Zebedaiden: "Mein Bruder, obwohl du in materieller Hinsicht mein Bruder nicht bist", so auch bei den wiederholten Ankündigungen des Martyriums durch den Auferstandenen. Genau dies führt aber zur Verwechslung mit dem Herrnbruder Jakobus; p.31 "Genau deshalb hast du den Namen "Jakobus der Gerechte".

Die im Dialog zwischen "Jakobus" und dem Herrn aufgebaute Schrift enthüllt ihm den Sinn seines Martyriums als "scheinbares Leiden" analog zum Christus: p.31: "Zu keiner Zeit habe ich gelitten, noch wurde ich gequält. Vielmehr wurde dies einer Figur der Archonten auferlegt, und ihr geschah es recht". In gnostisch-weisheitlichem Denken wird die Leidenslosigkeit als Vorzug der himmlischen und das Leiden als Strafe der teuflischen Gegenwelt interpretiert.

Auch diese Schrift zeigt bei aller Betonung des Jakobus, daß der Einfluß der Frauen immer noch sehr stark ist. Die Schrift zeigt gerade in ihrer Uneinheitlichkeit im Urteil über die Frauen, daß die Diskussion in vollem Gange ist: die Eingangsoffenbarung auf dem Berg Gaugela ist eine Reaktion auf die Frage "nach der Weiblichkeit". Es wird unterschieden zwischen gefallenen himmlischen Frauen "ohne Paargenossen", sieben an der Zahl, und der Sophia, die von sieben himmlischen weiblichen Geistern umgeben ist. Jakobus fragt den Christus: "Wer sind die sieben Frauen, die dir zu Jüngerinnen geworden sind? Siehe, jede Frau preist dich selig"; p.37.

Diese Schrift könnte eine Reaktion auf die Vertreibung der Frauen aus Jerusalem (die "Witwen", d.h. unabhängigen Frauen aus der Wortverkündigung und Sakramentsverwaltung, s. Acta 6, 1ff und Georgi dazu,[16]) sein, die dann

---

16 "Der Armen zu gedenken", 2. Aufl. Neukirchen Vluyn 1994, Appendix 1, S.108ff. und A 62.
Bereits Conzelmann, "Die Apostelgeschichte", HNT 17, Tübingen 1963, S.42-44 hielt den lukanischen Bericht von 6,1ff. für "stark übermalt", und "die wirklichen Vorgänge seien nur noch sehr verschwommen zu sehen". Dem trägt Georgi in seiner Interpretation Rechnung, indem er die vorlukanischen Vorlagen rekonstruiert. Insbesondere nimmt er wie Conzelmann das Mißverhältnis von V8, das dem Stephanus das attestiert, den Frauen genommen wurde – nämlich die Wortverkündigung -. Doch auch die διακονία τῆς τραπέζας ist sicherlich zunächst nicht die Armenversorgung,

durch sieben Männer ersetzt wurden. Auch hier sind die Zahlen offen: sieben Frauen, viele Jünger, dann noch einmal vier Frauen.

II.2.5 Lk 9,54ff

Es handelt sich um Lk-Sondergut. Marcion hat den Text in seinem "gereinigten" Lk-Evangelium in V 55f ergänzt. Für ihn war die Absicht der Zebedaiden, mit dem Zitat aus 2. Kö 1,10 und 12 LXX eine Gewaltmaßnahme über die Samariter auszulösen, eine Maßnahme des "anderen" Schöpfergottes, analog zur Racheaktion, die Josephus Ant XX, 6,1 § 118 berichtet, die er nicht unwidersprochen lassen wollte, wie im textkritischen Apparat ausgewiesen.

Doch auch ohne seinen Kommentar vereitelt der Text die Racheabsicht. Wichtig ist dabei der Zusammenhang zwischen Zebedaiden und Elia-Tradition, wie auch oben in Mk 3,13ff und Mk 9,1ff beobachtet.

II.3 Ergebnisse

Die Zebedaiden und besonders Jakobus begegnen im Neuen Testament vor allem außerhalb der Passionsgeschichte und innerhalb einer missionarischen Tradition, die Jesus als einen "Propheten wie Mose" verkündigt. Dabei spielen sie die Rolle von Elia-Schülern. Wie Elia haben sie ihrem Volk, aber auch den "Ungläubigen" (Samariter) das Gericht Gottes zu verkünden und dürfen dabei mit begleitenden Machtzeichen rechnen.

Der gewaltsame Tod der Zebedaiden reiht sie in die Kette jüdischer Märtyrer ein und stellt damit die Frage nach der Sühne ihres Blutes.

Die Evangelisten interpretieren diese Überlieferungen neu, indem sie
– vernichtende Machtdemonstrationen durch Jesus verbieten lassen;
– die Märtyrerdeutung als Teilhabe im Tod Jesu (ohne Rache) uminterpretieren;
– eine eventuelle Anspruchshaltung als Theioi Andres durch ihr Versagen in Gethsemane und ihre Flucht vor dem Kreuz kritisch beleuchten.

---

sondern die Eucharistiefeier durch die "hebräischen" Frauen. Heutige Exegese wie die von Jerwell "Apostelgeschichte"; Göttingen 1998, nimmt keinen Bezug auf die lukanischen Spannungen im Text, sondern versucht beides im Sinne eines Kompromisses zu verwischen, S. S.218, A 626.

Dennoch blieben die Zebedaiden, v.a. als Dreiergruppe mit Petrus, eine siegreiche, die leitenden Frauen der Urgemeinde verdrängende Gruppierung ("Säulen").

Ihr mögliches Gewaltpotential innerhalb einer Verbreitung in einer späteren Spanienmission ließe sich erklären aus einer erneuten Reinterpretation der Evangelien unter dem Gesichtspunkt der Machtdemonstration (Märtyrer, Donnersöhne, Gerichtsprediger auch gegen "Ungläubige") unter Verdrängung des rachelosen Machtverzichts des Gekreuzigten.

Die "Legenda aurea" des Jakobus von Voragine aus dem 12. Jahrhundert faßt frühere Legenden über den Zebedaiden Jakobus in Spanien zusammen und betont v.a. seinen Märtyrertod als Geburt seiner Wundermacht.

Danach predigt Jakobus in Judäa und Samarien und eilt dann nach Spanien, wo seine Verkündigung wirkungslos bleibt (gedacht ist dabei an die Jahre 30-44). Danach kehrt er nach Jerusalem zurück, wo er wegen einer Auseinandersetzung mit dem Zauberer Hermogenes und dessen Bekehrung hingerichtet wird.

Nach der Hinrichtung gelangt der Leichnam des Jakobus auf einem von Engeln geleiteten Schiff nach Galizien. Dort verformt der Leichnam auf wunderbare Weise einen Stein zum Sarkophag. Die Jünger bitten die ortsansässige Königin Lupa um einen geeigneten Ort für das Begräbnis. Lupa läßt sie darauf gefangennehmen. Ein Engel befreit sie aus dem Gefängnis. Danach versucht Lupa sie auf andere Weise zu beseitigen. Sie schickt sie auf einen Berg, auf dem Stiere leben, die vor den Karren mit dem Sarkophag gespannt werden sollen. Die Stiere greifen die Jünger an, werden aber durch das Kreuzzeichen gezähmt und ziehen den Karren direkt in den Königinnenpalast. Daraufhin bekehrt sich Lupa und läßt ihr Schloß in die Kirche von Compostela umwandeln und den Leichnam den Jakobus in ihr begraben.[17]

Die "Legenda aurea" betont neben der Integration vorheriger spanischer Jakobus-Legenden, daß nur der als Märtyrer hingerichtete Zebedaide als Wundertäter in Frage kommt.

Die Legende ist anderseits an kriegerischen Aktionen des Heiligen nicht interessiert, wie sie die Auseinandersetzung mit dem Islam beanspruchte.

Für sie ist Jakobus ein übernatürlich mächtiger Wundertäter, der sich gegen die Ungläubigen durch Wunder behauptet und dessen Leichnam ein Zentrum (Santiago de Compostela) legitimierte, das mit dem Vatikan konkurrieren konnte und durch Pilgerströme dies bis zum heutigen Tag durchhalten konnte.

---

17 "Die Legenda Aurea des Jakob von Voragine", 4. Aufl. Heidelberg 1963.

II.4 Der Jakobusbrief

Schon immer wurde diskutiert, an wen im Präskript Ἰάκωβος mit dem Absender gedacht werden soll. Dibelius[18] wirft ein Licht auf die ältere Forschung, in der als Herkunftsland sogar Spanien erwogen wurde.

Für die heutige Forschung scheiden der Zebedaide sowohl als auch der Herrnbruder als Verfasser aus, aufgrund ihres frühen Todes (42/44 bzw. 62 n.Chr.). Der Brief stammt aus dem Ende des 1. Jahrhunderts und stellt sich als jüdische Grundschrift dar, die christlich überarbeitet worden ist.

Insbesondere A. Meyer[19] und H. Frankemölle[20] haben den Jakobusbrief als weisheitliche Schrift des hellenistischen Judentums analysiert, die sich an die jüdische Diaspora im Römischen Reich wendet ("die zwölf Stämme in der Zerstreuung") und somit die *Jakobstradition aus Gen 25-49* aktualisiert. Dementsprechend rede in Jak. 1.1 der *erhöhte Patriarch* selber in Form eines Vermächtnisses analog zu Gen 49 (zur weiteren Analyse s.u.). Gerade die christliche Überarbeitung der weisheitlichen Grundschrift des Jakobusbriefs zeigt, daß innerhalb der Jesus-Gemeinden des 1. Jahrhunderts eben nicht nur der Zebedaide oder der Herrnbruder hohes Ansehen genossen, sondern eben auch der Patriarch Jakob, der auf Griechisch sowieso den gleichen Namen trug wie der Zebedaide oder der Herrenbruder (die ihrerseits sowieso nach dem Patriarchen genannt worden waren). *Wenn* wir also die Frage nach der Jakobustradition in Spanien gestellt haben, so müssen wir ebenfalls nach der *Jakobs*tradition der Hebräischen Bibel fragen.

Nun hat sich in neuerer Zeit v.a. A. Jewey erneut mit der Frage nach der frühesten Ankunft israelitisch bzw. jüdischer Siedler im vorchristlichen Spanien gestellt[21]. Dieser Fragestellung wollen wir nun im III. Teil unserer Arbeit nachgehen.

---

18 M. Dibelius, "Der Brief des Jakobus", Göttingen 1964, 11. Aufl. zitiert Isidor von Sevilla, De ortu etorbito patrum, § 125: "Iacobus filius Zebedaei ... duodecim tribus qui sunt in Hispania scripsit"; im gleichen Sinn sieht Dante, Commedia, den Zebedaiden als den "barone", um deswillen man nach Galicien ziehe. Im Abschnitt "Paradiso" 25,17ff. zitiert Dante Jac 1,5 und sagt in 25,76ff.: "Du dann betautest mich mit Deinem Tauen in der Epistel, daß ich voll der Flut sie weiterfließen laß auf andre Auen". Dante hat diese Tradition wahrscheinlich von seinem Lehrer Latini, der sie seinerseits aus dem Spanien des 13. Jahrhundert übernahm.
19 A. Meyer, "Das Rätsel des Jakobusbriefes", BHZNW 10, Gießen 1930.
20 Frankemölle, "Der Jakobusbrief", 1994.
21 A. Dewey, "The Future and Paul"; Festschrift für D. Georgi (s.o.), S.321ff.

III Jakob und Spanien in der hebräischen Bibel

Im zweiten Kapitel seines Buches "The opponents of Paul in 2nd Corinthians" zeigt D. Georgi, daß es bereits vor dem 1. Jahrhundert ca. sieben Millionen jüdische Proselyten innerhalb und jenseits der Grenzen des Römischen Reiches gab[1]. Innerhalb seines Aufsatzes Εἰς τὴν Σπανίαν: "The Future and Paul" hat sein Schüler A.J. Dewey[2] jüngst die Frage nach der frühest möglichen Datierung jüdischer Besiedlung Spaniens erneut gestellt. Im Zusammenhang mit den in Rm 15 geäußerten Absicht des Paulus, nach Spanien zu reisen, fragt es sich, ob es dort in vorpaulinischer Zeit bereits Synagogen gegeben hat, an die eine Jesusmission an "die Beschneidung" oder an die "Heiden" anknüpfen konnte (Gal 2,9f.).

Dabei wurde nicht zum erstenmal auf den Widerspruch hingewiesen, der zwischen universalen missionarischen Aussagen wie in Dt 28,37 und 64; Hes 5,14; Sib Or 3,271 u.a. einerseits und den Listen aus dem zweiten vorchristlichen Jahrhundert 1. Makk 15,16-24 und dem 1. Nachchristlichen Jahrhundert Acta 2,9-11 und Philo Leg Gai 281-284 anderseits besteht. Die Listen erwähnen nämlich unter den jüdischen Delegationen aus der Diaspora keine aus Spanien, im Gegensatz zu den Prophezeiungen einer Mission. Allenfalls, so Dewey, könnte man eine auf Ibiza aus vorchristlicher Zeit gefundene Amphore mit hebräischen Schriftzeichen als einen Hinweis auf den Handel mit Juden verstehen, nicht aber als Zeichen einer jüdischen Besiedlung.

Diesem Widerspruch wollen wir nun nachgehen.

---

1 In Cp 2 von "The Opponents of Paul in Second Corinthians", S.83ff., so die Einsichten von Schürer und Harnack erweiternd, s. dazu die Anmerkungen 1-4 und H.B. Sasson, "Geschichte des jüdischen Volkes", München 1978, I-III; E. Schürer, G. Vermes "History of the Jewish People in the Age of Jesus Christ "Edinburgh 1973 A.v. Harnack, "Die Mission und Ausbreitung des Christentums in den ersten drei Jahrhunderten", Leipzig 1924.

2 Im Anschluß an und in Auseinandersetzung mit bereits von Georgi entwickelter Auslegung paulinischer Theologie im Hinblick auf ihren utopischen Gehalt unterstreicht Dewey diesen Blickwinkel für die Ausbreitung des Judentums in alle Welt, wie sie in der Hebräischen Bibel und dem Neuen Testament zum Ausdruck kommen. Es geht demnach nie um Expansionismus oder jüdischen Kolonialismus, wenn immer neue geographische Grenzen durchbrochen werden, sondern um eine "gegenkulturelle Maßnahme" zu politischen Welteroberungsansprüchen innerhalb und außerhalb des jüdischen Volkes.

Die hebräische Bibel kennt nämlich für die Zeit der Priesterschrift in Gen 10,1ff. eine detaillierte Weltkartographie, in der der V.4 als Noahnachkommen den Namen (und das dementsprechende Gebiet) "Tarschisch" erwähnt. Dieser Name wurde in der Forschung öfter mit dem "Tartessos" der Griechen in Südwestspanien identifiziert[3]. Da der Name auch sonst im Zusammenhang von Schiffsreisen an mehreren Stellen der hebr. Bibel begegnet, entsteht die Frage, ob Israel und Judentum seine geographischen Schiffahrts- und Weltmeer-Kenntnisse nur sekundär erworben hatte, oder ob nicht vielmehr zu mehreren Zeiten der Geschichte Israels normaler Verkehr von "Tarschisch-Schiffen" (1. Kö 10,21f.), also zwischen Israel und Südwestspanien bestanden hat.

---

3 s. E.H. Lindo, "The History of the Jews of Spain and Portugal", New York o.J., S.4ff. Dabei geht es um die Frage, ob der von Strabo erwähnte Nebukadnezar tatsächlich bis jenseits der Säulen des Herkules (Gibraltar) vordrang und in seinem Gefolge eine Menge gefangener Juden dort zurückließ. Josephus bestätigt die Invasionsthese Strabos in Ant X,11 und sieht ihn als Eroberer eines guten Teils von Spanien. Allerdings bringt Josephus ihn nicht in Verbindung mit der jüdischen Besiedelung Spaniens. Diese ergibt sich für Josephus vielmehr aus Gen. 10 und dem Hinweis auf "Tarschisch", wie wir in Kp 4 zeigen werden. In Ant. XIV 115 bezieht sich Josephus auf Strabo, der gesagt habe," es sei kein Volk auf der Welt, in dessen Mitte sich nicht unsere Brüder befinden", (s.a. Bell II 398), s.a. Jüd. Lexikon, 1982, IV, 2. V.a. J. Malaquer de Motes hat 1990 in seinem Buch "Tartessos" die Diskussion um die geographische Bedeutung dieses Namens erneut aufgenommen. Archäologische Funde in Südwestspanien weisen auf einen Stadtstaat im zweiten vorchristlichen Jahrtausend in dieser Gegend hin, auf den dieser Name passen könnte. Dieser sei seinerseits ein Produkt einer Ausbreitung der Etrusker, die im dritten und zweiten Jahrtausend die Tyrser genannt wurden, und sich von Kleinasien nach Westen bewegt hätten. Darauf weist die im Mittelmeerraum aus dieser Zeit mehrfach begegnende Endung von etruskischen Gründungen auf –essus hin (S.66f.). Die Phönizier, und mit ihnen zusammen Abgesandte des Königs Salomo, hätten im zehnten Jahrhundert dort nicht nur Handel mit Edelmetallen betrieben, sondern die Stadt Gadir (Cádiz) gegründet. Dies wird durch Strabo III,5,5 bestätigt, der sagt, daß die "Gaditaner in einem Orakel der Phönizier erwähnen, das ihnen befahl, eine Siedlung bei den Säulen des Herkules zu gründen" wobei erst im dritten Anlauf es gelingt, den rechten Ort zu finden. Anders der Targum Onkelos, der Tarschisch in Afrika lokalisiert. Man wird Dewey zustimmen, der in seinem oben erwähnten Aufsatz auf die oft in der Antike getroffene Gleichsetzung von "Tarschisch" und den "Enden der Welt" hinweist; demnach hinge die Lokalisierung von "Tarschisch" davon ab, wo der betreffende Autor das Ende der Welt sehe. Dennoch ergibt sich eine antike Mehrheit für die Gleichsetzung von "Tarschisch" mit Südwestspanien. S. dazu v.a. L. Salmonte, "Historia de Cádiz, 1. Bd., 191, S.37-62; Der Kleine Pauly II, 654f. Gegen Schulten, Tartessos, Hamburg 1950, 2. Aufl. ist Tartessos also keine Stadt, sondern ein Stadtstaat etruskischer Herkunft gewesen, an dessen Südwestspitze die Phönizier zu Handelszwecken die Stadt Gadir gründeten, um von dort aus das Hinterland zu kontrollieren. (Strab III,5.5).

III.1 Vorexilische Zeit

Ab der Königszeit haben wir Belege, die unsere Annahme unterstützen können. Nicht nur die Phönizier, die Strabo in Geogr III,322ff. als Gründer der Stadt C·diz (Gadir) erwähnt, haben Südwestspanien bereits ab dem 12. Jahrhundert vor Chr. Bereist, sondern auch andere zur See fahrende Völker, unter diesen auch die Untertanen des Königs Salomo, welche "Tarschisch-Schiffe" betrieben (1. Kö 10,21f.), um Luxusgüter für den Hof und Baumaterial für den 1. Tempel aus Südwestspanien = Tartessos zu importieren.

Neuere Forschungen nehmen an, das in der Antike besungene Tartessos, das Hesiod, Herodot und Strabo erwähnen, sei die südwestspanische Region der Guadalquivir-Mündung mit der Stadt Gadir (C·diz) (gegen A. Schulten, der zu Beginn unseres Jahrhunderts Tartessos als Stadt bezeichnete). Die heutige Forschung geht wieder von einem Königreich innerhalb einer mit Bodenschätzen und Landwirtschaft reich gesegneten Gegend Südwestspaniens aus, das seit dem 2. Jahrtausend v.Chr. internationalen Handel mit seinen Gütern betrieb. Für Israel wurde es von Bedeutung, als die Phönizier im 12. Jahrh. als eine Kopie von Tyrus die Stadt Gadir gründeten (Strabo), um von dort aus den Warenhandel mit dem Hinterland von Tartessos zu kontrollieren (bis hin nach Nordspanien). L. Salmonte stellt in einem 1991 erschienenen Aufsatz[4] den Bedarf an Baumaterial und Edelmetallen heraus, – vor allem Gold und Silber –, die für den Bau der Tempel in Jerusalem (Jahwe) und Tyrus (Melkart) erforderlich war. Nach 1. Kö 10 wurden diese Materialien auf "Tarschisch-Schiffen" herangeschafft.

Gadir war dabei die wichtigste Durchgangsstadt für die Exportgüter, kontrolliert von dort ansässigen phönizischen Außenhandelsniederlassungen. Für die Frage nach der Beteiligung hebräischer Händler an allen Stationen dieses Geschäfts ist v.a. 1. Kö 9,26 relevant: Dort ist von einer "GmbH" zwischen den Königen Hiram von Tyrus und Salomo die Rede, bei der Salomo nicht nur Abnehmer der spanischen Exportgüter – wie in 7,13ff. und 9,10 berichtet – ist, sondern Miteigentümer einer Hochseeflotte – eben jener "Tarschischschiffe". 9,27 spricht außerdem von einer gemischt hebräisch-phönizischen Schiffsmannschaft, und V.21 berichtet, daß einmal pro Jahr die "Tarschischflotte Salomos" aus Tarschisch "Gold, Silber, Elfenbein, Affen und Perlhühner" importierte. Nun mögen die Affen und das Elfenbein nicht aus Spanien stammen, sondern aus afrikanischen Häfen – Gold und Silber jedoch stammten vor allem aus Spanien. Jedenfalls importierte Israel bis zum Exil diese Güter aus "Tartessos". Diodor sagt vom Silbertransfer, er sei so reichlich gewesen, daß die "T.schiffe" auch

---

4 s.o.

noch ihre Anker aus diesem Metall anfertigen ließen, um mehr davon mitnehmen zu können.

Wenn es gemischte, auch hebräische Schiffsmannschaften gab, so gingen sie in den Häfen auch an Land, u.a. auch um ihrem Gott und den Ortsgöttern Bitt- und Dankopfer für eine gute Überfahrt darzubringen.

Dies geschah in Gadir im "Krónion" und Her·kleion, die Strabo auch bekannt waren: "Am westlichen Ende der Insel erhebt sich das Krónion (Ball= Krónos=Saturn) und nach Osten das Her·kleion (Melkart=Herakles)".[5] Der Melkart-Tempel war eine Kopie vom Original in Tyrus, und beide rivalisierten mit dem Jerusalemer Tempel in Schönheit und Bedeutung. Der Tempel von Gadir schien die Rolle einer "sakralen Handelskammer" zu spielen, bei der nicht nur Tieropfer von den Handelsreisenden dargebracht wurden, sondern er konnte auch mit dem Zehnten eines jeden abgeschlossenen Geschäfts rechnen (so Salmonte, aaO. S.81ff.). Philostrat erwähnt, daß im Melkart-Tempel keine Götterbilder standen, bis Alexander der Große ein Standbild von sich selbst aufstellen ließ. Könnte diese vormalige Neutralität eine Rücksicht auf die Vielzahl der von den Handelsleuten verehrten Gottheit bedeuten, oder haben wir hier sogar einen Einfluß der Hebräer unter der Wirkung des Bilderverbots?

Wie unter Salomo, so haben bis zum Exil andere Könige Israels Silber und Luxusgüter aus "Tarschisch" importiert; Schulten nimmt an, daß Japho der dafür vorgesehene Hafen war, und daß ebenso Phönizier in Japho wohnten wie Hebräer in Tyrus[6]. Den Stellen, die Tartessos erwähnen, ist in der hebräischen Bibel die Rede vom Silber gemeinsam, und auch Japho scheint ein internationaler Hafen gewesen sein, der sogar in griechischen Sagen eine Rolle spielt[7].

Mündliche Tradition um die Geschichte der Stadt Toledo nimmt an, die Stadt sei ab ca. 500 v.Chr. von Juden besiedelt worden, und auch der Name Toledo stamme von den TOLEDOT[8]. Ein Autor wie Josephus weiß davon nichts, wiewohl er in der Auslegung von Gen 10,1ff. eine frühe Verbreitung von Juden in alle Welt annimmt[9].

---

5 Strab III,5.7.9; Philostratus, Ap. Tyana 5,1-7.
6 A. Herrmann, "Die Erdkarten der Urbibel", Braunschweig 1931, S.150, A 1.
7 H.W. Wolff, "Studien zum Jonabuch", 1964, 26ff.; M. Jonah, "Perseus and Andromeda at Joppa", 1967, S.203-210.
8 Lindo, aaO. S.5.
9 In Geographica III,3 beschreibt Strabo Spanien in jeder Hinsicht mit Superlativen, so z.B. über Gades: "Sie erreichte durch die Tüchtigkeit ihrer Bewohner und ihrer Freundschaft mit den Römern eine solche Höhe des Wohlstandes, daß sie, obwohl *an den Enden der Erde* gelegen ... doch die berühmteste von allen ist ... "Zu weiteren antiken Belegen, S. Gams, I, S.11-16.

Auf alle Fälle ist W. Zimmerli nicht zuzustimmen, wenn er behauptet, "daß Israel insgesamt Seefahrterlebnisse fernlagen"[10]. Wir meinen Hinweise auf Küsten- und sogar Hochseeschiffahrt gerade aus dem "Tarschisch-Handel" entnehmen zu können. Dies gilt auch für die Zeit nach der Machtübernahme der Babylonier.

III.2 Nachexilische Zeit

Beim Sieg Nebukadnezars über Israel im 6. Jahrhundert wähnte sich Phönizien vorübergehend im Vorteil, da sie nun den Konkurrenten aus Jerusalem nicht mehr zu fürchten brauchten. Doch Hesekiel 26f. zeigt daß der Triumph vergänglich war: die Babylonier überfielen auch Sidon und Tyrus "im 11. Jahr Jojachims", also 587/6. Allerdings ist der von Hesekiel 26f. endgültig vorausgesagte Untergang der beiden Städte nicht auf Dauer eingetroffen: Tyrus erholte sich bald und wird in Acta 21,2f. als Hafen erwähnt.

Hesekiel kommentiert den Untergang der phönizischen Städte seinerseits nicht ohne Schadenfreude als eine prophetische Totenklage. Die wirtschaftliche Konkurrenz zum Nachbarstaat hatte zu Spannungen geführt (26,1-3). Nach Hesekiel belohnt dies nun Jahwe mit einer Höllenfahrt der Meerbeherrscherin Tyrus (26,19-21).

Sowohl dieser Abschnitt als auch cp. 27 zeigen den Verfasser mit Handel und Schiffahrt wohl vertraut. Auch hier dokumentieren zwei Namen, die wieder nach Spanien weisen, Israels Kenntnis der weiten Welt: "Tarschisch" (27,17) und "Mesech" (27,13). Obwohl "Mesech" zunächst als Kappadozien verstanden wurde, sieht es das spätere Jubiläenbuch in Spanien (s.u. IV).

Die untergegangene Stadt Phöniziens wird selber zum stolzen "Tarschisch-Schiff" (cp 27), und die Handelsliste, die das gesamte Kapitel durchzieht zeigt, wie eng das Geschick Phöniziens mit Israel als Handelspartner verbunden war.

Solche Kenntnisse können nicht allein aus zweiter Hand gewonnen werden: sie zeugen vielmehr von eigenem Erfahren: "Juda und das Land Israel waren deine Händler. Weizen, Oliven, Honig, Wachs, Öl und Mastix gaben sie für deine Handelswaren" (27,17).

Noch jüngere nachexilische Texte wie bei Tritojesaja und Jona verbinden ihrerseits mit dem Handel in fernen Regionen einen missionarischen Auftrag. Dies beginnt bereits in Hes. 38,13, kommt aber besonders in der Völkerliste Jes 66 zum Ausdruck: "... und komme, um die Völker aller Sprachen zusammenzu-

---

10 W. Zimmerli, "Hesekiel", Neukirchen 1969, S.86. Ebenso W. Eichrodt, "Der Prophet Hesekiel", Göttingen 1966, S.261.

rufen, und sie werden kommen und meine Herrlichkeit sehen. Ich stelle bei ihnen ein Zeichen auf und schicke einige von ihnen, die entronnen sind, zu den übrigen Völkern: nach Tarschisch, Pul und Lud ... Sie sollen meine Herrlichkeit unter den übrigen Völkern verkündigen" (Jes 66,18ff.).

"Der Verfasser ... führt die Ankündigung Dtjes. noch weiter. Die Entronnenen werden zu Boten Gottes, zu Missionaren, die ... gesandt werden, um das Heil Gottes zu verkündigen. Hier ist zum ersten Mal ganz eindeutig von Mission die Rede: Sendung zu fernen Völkern, um dort die Herrlichkeit Gottes zu verkündigen."[11] In der Zeit Tritojesajas – 5.-3. Jahrhundert – wird "Tarschisch" zum Synonym für Turdetanien und seinen Fluß Guadalquivir, trotz des Untergangs des tartessischen Reiches und der Ablösung der phönizischen Händler vor Ort durch griechische und später römische Nachfolger. 1. Makk 8,3 berichtet vom Machtwechsel Spaniens unter die Römer, die das Land nun Hispanien nennen (Liv. 21,2).

Laut Jes 66,18ff. muß der Handel jüdischer Kaufleute in Spanien mit missionarischen Versuchen verbunden worden sein, auch wenn wir dafür keine Belege archäologischer oder literarischer Art aus Spanien selbst haben.

Dies wird indirekt noch einmal für die persische Zeit durch Jona 1,1ff. belegt. Jona, der vor seinem Auftrag flieht, benutzt dafür ein in Japho liegendes "Tarschisch-Schiff". Es ist ein Handelsschiff, das seine Ladung aus Japho über Bord wirft (1,5). Herodot (I,163) erwähnt sog. "Rundschiffe", und Reliefs in Ninive zeigen Segel/Ruderschiffe, sog. "Fünfzigruderer". Felszeichnungen aus Gadir (C·diz) aus jener Zeit zeigen Handelsschiffe bei der Einfahrt in den Hafen, die sowohl mit Segeln als auch vielen Rudern ausgestattet sind.

Über die Schiffsmannschaft erfahren wir aus Jon 1,5 und 7, daß es einen Kapitän und Matrosen gibt und daß sie fremden Göttern opfern. Menschenopfer sind dabei nicht ausgeschlossen, auch nicht in Israel[12]: daß Jona sich in die Wellen stürzt, muß als ein solches angesehen werden. Durch Jonas Selbstopfer, unterstützt durch eine vorherige "Missionsrede" (7-16) wird die Mannschaft zu Jahwe bekehrt, jedenfalls insofern, als sie nun auch Jahwe opfert.

Man könnte Jon 1 also *auch* als eine Missionsgeschichte verstehen, bei der eine Mannschaft auf einem "T.schiff" bekehrt wird. Jes 66,18ff. nennt solche "Söhne aus der Ferne mit ihrem Gold und Silber auf T.schiffen", also rückkehrende Proselyten aus jenem Zusammenhang.

---

11 C. Westermann, "Das Buch Jesaja 40-66, ATD, Göttingn 1966, S.337.
12 Der Kleine Pauly, Bd. 4, S.307-310; vgl. auch Mi 3,6-8; Jer 7,31; 19,5; Hes 20,20ff; v. Rad, Das Opfer des Abraham, München 1971; s.a. F. Crüsemann, Exegese zu Gen 22, in: Gottesdienstpraxis, III. Reihe Bd. IV, Gütersloh 1992, S.75ff.

Aber nicht nur Jon 1 nennt Tarschisch als Fluchtort: auch Jes 23,1 empfiehlt den beim Sieg Alexanders (332) heimatlosen "Tarschisch-Schiffen", nach "Tarschisch" zu fliehen (23,6). War Tarschisch, also Südwestspanien, so etwas wie ein Fluchtort kleinasiatischer Händler und Propheten?

III.3 Die Zeit des Römischen Reiches

Für die Zeit vor der Zeitenwende finden sich nur sehr wenige Quellen für jüdische Präsenz in Spanien: die bereits erwähnte Amphore aus Ibiza und die mündliche Tradition über die Stadt Toledo, die auch Tembleque auf jüdische Gründung zurückführt (= Bethlehem). Vor allem der Römerbrief mit seinen Spanienplänen läßt vermuten, daß auch bereits vor der Zerstörung Jerusalems im Jahr 70 in Spanien Synagogen existierten[13].

Nun war "Hispania" eines der bestverwalteten Gebiete des Römischen Reiches[14]. Händler und Seeleute waren in "collegia" organisiert (Berufsgenossenschaften), unter denen die collegia navicularii in den Häfen ansässig waren, so auch in Cádiz. Noch heute begrüßt eine "cofradìa marítima" die Schiffe beim Ein- und Auslaufen. Falls jüdische Seefahrer dort unterwegs waren, so hatten sie sicherlich nicht allein in den collegia Anteil, sondern möglicherweise auch an den "conventa" (Kultvereine zur Pflege rechtlicher, geschäftlicher und religiöser Angelegenheiten zu Wasser und zu Land)[15]. Konnten sich Juden ohne römische Bürgerrechte daran beteiligen? Aus jener Zeit scheint eine Synagoge aus Delos zu stammen. Gab es auch welche in Cádiz, Calpe, Tarraco, oder dem späteren Compostela?

H. Beinart[16] nimmt jüdische Besiedelung in Spanien an aufgrund hebräischer Inschriften in den Städten Tortosa und Elche, die ins erste Jahrhundert weisen. Aus der gleichen Zeit nennt der Talmud (Ab. Zar. 39) Jerusalemer Handel mit spanischem Thunfisch. Safrai und Stern[17] folgern aus der paulinischen Absicht, nach Spanien zu reisen, daß "it may be assumed that there was already a Jewish settlement in Spain during the Julio-Claudian period, specially as later traditions stress the ancient origins of the Jewish community in the Iberian peninsula". Von

---

13 S. u. cp V.
14 Der Kleine Pauly, Bd. 2, 1184-1189.
15 s. Pauly-Wissowa, VI, 391ff. und IV, 1.
16 "Die Juden in Spanien", S.169; Don A. Halperin, "The Ancient Synagoges of the Iberian Peninsula", Gainsville 1969.
17 "Jewish People in the First Century", Philadelphia 1974 S.167 s.a. 169; 287; 482; 490; 494; 670; 723; 971; 1153.

jüdischen πρεδβύτεροι spricht eine spanische Inschrift aus jener Zeit[18]. Käsemann nimmt jüdische Synagogen in Spanien aus vorpaulinischer Zeit an[19].

Für die Seefahrt in Japho und Cäsarea sagt indirekt Philo etwas, indem er für die Essener anführt, "sie kennen Reedereibetrieb *nicht*"[20] – dh. Im Unterschied zu anderen Juden, die ihn wohl kennen.

III.4 Zwischenergebnis

Wir entnehmen der Hebräischen Bibel und verwandten Schriften, daß es ab dem 10. Jhdt. v. Ch. seefahrende Juden gab, die auch Mittelmeerländer bereisten und so auch spanische Häfen anliefen. Dabei weist uns diese Überlieferung im *Unterschied zur Jakobus-Tradition nicht nach Compostela, sondern nach Südwestspanien = Tarschisch.*

Dort gab es wohl nicht nur Handel, sondern in nachexilischer Zeit auch Fluchtbewegungen aus Israel *und* Missionsversuche, die sich allerdings nicht in Völkerlisten über jüdische Diaspora wie Acta 2,9-11 niederschlugen.

Daß wir so wenige Quellen über vor-neutestamentliches Judentum aus Spanien haben, könnte auf die aktive Vernichtung des Judentums durch die "Katholischen Könige" zur Zeit des Kolumbus zurückzuführen sein.

Was wir aber aus der hebräischen Bibel über "Tarschisch" erfahren, unterstreicht, was andere, insbesondere Strabo über die enorme wirtschaftliche, aber auch utopische Bedeutung Spaniens für die Antike uns überliefert haben[21].

III.5 Inhalte möglicher vorneutestamentlicher Spanienmission

Aus Tritojesaja erfahren wir den Inhalt der Mission von Juden in "Tarschisch": die "Herrlichkeit Jahwes zu verkünden" (Jes 60,18ff.). Zu jener Zeit blickt auch die prophetische Tradition auf eine in der Jakobsgeschichte eingeführte Gleichung des Patriarchennamens mit seiner kollektiven Bedeutung "Israel" (Gen 32,29;35,10) zurück, die zunächst in jahwistischer Zeit (dem Israel Salomos) eingeführt wurde und als "Ehrenname" galt[22]. In Deutero- und Tritojesaja spiegelt sich aber auch die umgekehrte Gleichung: Israel wird wiederholt "Jakob"

---

18 CIJ II,757; s. auch CIJ 1,662 und 663; Jos Ant XII,150.
19 "An die Römer", 383.
20 Quod omnis ... 75-80.
21 S. Anm. 3.
22 Art "Jakob" in TRE 16, S.461ff.

genannt[23]. Die Betrugs-, Schwäche- und Segenselemente der Jakobsgeschichte scheinen ein Modell für die Geschichte Israels geliefert zu haben, vor allem auch seitdem dieses nach dem babylonischen Exil politisch verstreut und einflußlos wird. In Jes 41,8 stellt der Name "Jakob" die Einheit zwischen Deportierten und Zuhausegebliebenen her: Jakob das "Würmchen" steht wie der vom Gottesboten besiegte Patriarch zugleich für das getrennte und entmachtete Volk *und* für (wie am Pnuel) die überlegene Macht Gottes über die nun scheinbar allmächtigen Fremdherrscher (Jes 41,21-24).

Doch auch der Betrug Jakob an Esau wird prophetisch radikalisiert als Selbstkritik des besiegten Israel in Jes 44,2-5, sodaß erneut – wie in Gen 32! – der Ehrenname Jakob = Israel erteilt werden muß, diesmal als "Jeschurun" = der Rechtschaffene. In diesem Zusammenhang wird die Katastrophe vom Fall Jerusalems an die Babylonier und die Verschleppung der Regierenden nach Babylon als Herausforderung verstanden: sie sollen in der Fremde für Jahwe eintreten. Jes 44,4f. wertet so das Exil als Missionschance deutlich auf. *In diesen Versen begegnet die Verbindung von "Jakob" (Israel) und Mission in der Fremde.*

Diese Missionierung geht allerdings über Babylon hinaus: Jes. 49,1-6 faßt die "Wende" der erhofften Rückkehr aus 43,1; 5;9 zusammen im Auftrag an "Jakob", "Licht der Völker zu sein", auf daß "mein Heil reiche bis an die *Enden der Erde*" (zu jener Zeit bereits identisch mit Gibraltar/Gadir).

In der Zeit nach der Rückkehr (um -530) baut Tritojesaja dies aus, wenn er in 60,9 die Verherrlichung Jahwes durch die Völkerwallfahrt auf "T.schiffen" ankündigt. Das Exil hat sich somit zumindest als Missionserfolg erwiesen und soll sich als Aufnahme neuer Handelsbeziehungen zu Jerusalem und als Anbetung im kaum zusammengeflickten Heiligtum in Jerusalem auszahlen. Gerade das geschwächte Israel, ohne politische Autonomie, also der "hinkende, besiegte Jakob" ist durch die Zertreuung zum Missionserfolg geworden. Bemerkenswert ist dies trotz des Traditionsbruchs zu den Patriarchen: "Abraham weiß nichts von uns, Israel kennt uns nicht" (63,15ff.). Gerade der Abbruch der Kontinuität zur eigenen Geschichte zeigt: ein neuer "wahrer" Jakob muß her, von Gott neu offenbart (anders wiederum 65,9).

Es gibt demnach in der Hebräischen Bibel einen Zusammenhang von "Jakob/ Israel" und "Mission in aller Welt/einschl. Tarschisch". Auf den Handels- und möglichen Fluchtreisen ins Mittelmeergebiet könnten Juden auch in Südwestspanien missioniert haben. Dabei könnte der Name "Jakob" als Synonym für "Israel", möglicherweise auch die Patriarchengeschichte selber, im vorchristlichen Spanien – wenn auch nur vorübergehend – bekannt geworden sein.

---

23 so z.B. Jes 41,8; 14; 21; 43,1.

Die Jakobus-Gestalt des NT könnte sich später damit vermischt haben, wie die Auslegung von Jak. 1,1f. gezeigt hat.

Im folgenden wollen wir dies noch an apokryphen und pseudepigraphischen Texten der Hebr. Bibel überprüfen.

Dabei leitet uns auch noch die philologische Erkenntnis, dass in Dokumenten außerhalb des Neuen Testaments häufig von Jakobus allein die Rede ist, ohne seinen Mitbruder Johannes, während dies im Neuen Testament niemals begegnet.

Darin könnte ein Hinweis auf eine mögliche Verklammerung mit dem Patriarchen Jakob enthalten sein.

IV Jakob in Apokryphen, Pseudepigraphen der Hebräischen Bibel und bei jüdisch-hellenistischen Auslegern (Josephus, Philo ...)

Wir begegnen der Jakobstradition in sehr unterschiedlichen Schriften außerhalb des Kanons der Hebräischen Bibel. Wir verweisen dafür auf die entsprechenden Bände der "Jüdischen Schriften aus Hellenistisch-Römischer Zeit" (Bd. II,2 u. II,3); der Philo-Ausgabe von W. Heinemann, Loeb Classic Library, London; der Josephus-Ausgabe von B. Niese, Berlin 1955; schließlich den "Old Testament Pseudphigrapha" von J. Charlesworth, Bd. 1 und 2, 1993ff.

Für die Einleitungsfragen der betreffenden Schriften s. in den jeweiligen Ausgaben.

Abgesehen von der Frage nach der Jakobstradition im außerkanonischen Bereich der Hebräischen Bibel ist es auch hilfreich, der Auslegung der Völkertafel bei den verschiedenen Autoren (Gen 10,1ff.) nachzugehen, da wir so sehen können, ob und wie sich einzelne Autoren mit der Präsenz von Juden in der Welt und insbesondere in Spanien beschäftigt haben.

Von besonderer Bedeutung ist der Zusammenhang von Jakobs- und Noahnachkommentradition in den einzelnen Schriften.

Wird Jakob = Israel in irgendeiner Weise von den Autoren auf die Neuinterpretation von Gen 10,1ff. (Völkerverteilung) in jüdisch-hellenistischer Zeit ab Alexander dem Großen, bezogen? Haben die untersuchten Schriften ein missionarisches Interesse über die Wirkung ihrer örtlichen Synagogengemeinden hinaus?

Gibt es Hinweise auf Spanien als Missionsland und Hinweise auf die Verbreitung von Jakob/Israel-Überlieferungen in diesem Zusammenhang?

IV.1 Das Buch der Jubiläen

Neben Philo ist das Jubiläenbuch die hellenistisch-jüdische Schrift, die sich am intensivsten um eine Neufassung der Jakobsüberlieferung bemüht hat.

Obwohl in separatistischen Kreisen Jerusalems entstanden und auf die Trennung zwischen "wahrem" und "falschem" Israel im Horizont der Makkabäerzeit bedacht (s. cp 22), hat die Schrift doch ein starkes Interesse an der weltweiten

Verbreitung ihrer Gedanken[1]. Das Buch versteht sich als Aktualisierung der Sinaigesetze. Dabei wird auch die Urgeschichte und die Patriarchentradition modellhaft für die Geltung der Sinaigebote herangezogen und durch Ergänzungen neu gedeutet. Die Verteilung der Stämme und Völker auf die Welt kommt gerade durch Aktualisierung ihrer wohl phönizischen Vorlage von Gen 10[2] aus salomonischer Zeit zur Diskussion, um deutlich zu machen, daß die Hellenisierungspolitik des Antiochus Epiphanes in Jerusalem einer missionarischen Gegenbewegung der makkabäischen Gegenpartei im Welthorizont begegnen wird, mit nicht minderem Anspruch ausgerüstet.

In Jub 8 und 9 wird die Völkertafel Gen 10 einer Überarbeitung unterzogen. Die Dreiteilung der Erde unter die Noahnachkommen Sem, Ham und Japhet, die ihrerseits auch nichtjüdischen Vorlagen wie die Erdverteilung unter Kronos, Titan und Japetos entspricht,[3] wird beibehalten. Die Kartographie wird jedoch um neue Erkenntnisse über Gebiete, Flüsse und Meere erweitert. So reicht nun Japhets Anteil bis zum Nordpol (vgl. cp 8, V 12ff.).

Sems Anteil nennt nun die Straße von Gibraltar und den Durchgang zum Atlantik (V 15ff.). In V 22ff. bekommt Ham ein Gebiet sowohl in Südspanien als auch Ägypten zugeteilt: "Und er geht hinaus im Norden in das Gebiet von Gadir und er läuft bis an die Künste des Wassers des großen Meeres, bis er sich dem Gihonflusse (Nil) nähert ...".

Die Korrektur gegenüber Gen 10,1ff. besteht v.a. darin, daß die sehr allgemeinen Angaben der Priesterschrift geographisch genau gefaßt werden. Aber auch Namen werden korrigiert: "Tarschisch" – das zur Zeit des Jub. Als Reich untergegangen ist – wird nicht mehr erwähnt; dafür rückt der Handelsort Gadir in den Mittelpunkt.[4] Gadir wird zum Referenzpunkt ("westlich/östlich von Gadir").

---

1 s. "Zur literarischen Gestalt und Überlieferung", bei K. Berger, "Das Buch der Jubiläen", Jüdische Schriften aus hellenistischer und römischer Zeit, II, 2.279ff.
2 C. Westermann, "Genesis", Neukirchen 1989, z. St. Und G. v. Rad, "Das 1. Buch Moses", ATD, 1964, S.115ff.
3 s.v. Rad, aaO. S.119. Die priesterschriftliche Verteilung der Welt samt ihrer Kartographie ist wahrscheinlich zur gleichen Zeit wie die Erdkarte des Anaximander (s. Anlage) erfolgt und zeigt so eine aktive Kenntnis der exilierten Führungsschicht am kulturellen Austausch in Babylon.
G. Hölscher, "Drei Erdkarten", Heidelberg 1949, S.21 setzt die Erweiterung des universalen Blickfelds Israels mit dem siebten Jahrhundert und der babylonischen Invasion Vorderasiens an.
4 "Gadir" ist die phönizische Namensform (Gadir = Burg, Festung s. Avien. Or m. 85,267 und 269) für griechisch Gadeira, lat. Gades. Die Phönizier gründeten im Südwesten jene Hafenstadt, wschl. Um 1100 v. Chr., um den Stadtstaat Tartessos wirtschaftlich in ihre Kontrolle zu bringen, was bei dessen politischem Niedergang auch

Doch Jub weiß noch mehr von Spanien. In 8,25ff. bekommt Japhet ein Gebiet bis "Kelt", dh. den Nordwesten Spaniens bis hin nach Frankreich: das Gebiet der Kelten. Als Südgrenze dient wiederum das "Gebiet von Gadir" (V 26). In 9,12 bekommt Mesek "den Osten von Gadir". Spanien gehört also ganz selbstverständlich zur Weltkarte des Jub, und zwar ebenso der Süden wie der Norden. In Jerusalem denkt man demnach ebenso über die Verteilung der Welt und die weltweite Geltung des Sinaigesetzes nach wie Ant. Epiphanes über die Eroberung der Welt im Zeichen seines Herrscherkults!

Im Zuge dieses Gegenentwurfs des Jub nimmt die Jakobsüberlieferung im Vergleich mit den anderen Patriarchen, aber auch mit der Mosetradition einen so großen Raum ein, daß darin eine besondere Absicht vermutet werden kann. Denn obwohl Jub in den Rahmen einer Sinaioffenbarung Gottes an Mose gehüllt ist, ist doch der Anteil der Erzväter- und –mütterüberlieferung viel größer als der des Mose. Ihrerseits strebt die Erzvätertradition auf Jakob zu. Auch Zeitraum Adam/Jakob liefert nach Lev 25 das Zeitmaß "Jubiläum" = 49 Jahre.

Wenn nun einerseits das Interesse an Jakob und anderseits an der Weltverteilung in Jub so groß ist: Gibt es Beziehungen zwischen "Jakob" und "Gadir" in Jub?

Zunächst einmal muß festgestellt werden: der gesamte Abschnitt der Jakobstradition in Jub nimmt auf die Frage der Weltverteilung und genauer, auf das Thema "Spanien" gar keine direkte Rücksicht. Die Stoffe scheinen miteinander nichts zu tun zu haben.

Und doch gibt es eine Verklammerung von Noahstoff und Patriarchengeschichte bei Jub: das Thema "Götzendienst der Noahsöhne" macht die Suche nach einem neuen Gerechten notwendig. Dieser ist Abraham, den Jub durch Minderbewertung des Isaak zum Vater statt zum Großvater Jakobs aufwertet.

In cp 10,1 heißt es: "Und in der dritten Jahrwoche dieses Jubiläums begannen die Dämonen, die Söhne Noahs in die Irre zu führen" (angeführt durch den Obersatan Mastema, 10,8).

Darauf kommt es zum Gericht über die Abgefallenen unter den Anhängern des Mastema, und zur Erfindung der Medizin, damit die zehn Prozent der Rechtgläubigen unter den Geistern und Noahsöhnen am Leben bleiben können (10,1ff.). Bevor Noah stirbt, weiht er seinen Sohn Sem in die "Bücher" (apokr. Noah- und Sembücher) ein. Der Turmbau zu Babel und die Zerstreuung der Völker löst die Verteilung der Welt auf die in cp 8 beschriebenen Länder der

---

glückte. Fortan löst der Name Gadir/Gades die antike Bezeichnung "Tartessos" ab, wird aber noch lange damit verwechselt, so v.a. auch in der Hebr. Bibel.
Jub gibt sich über die veränderte Bezeichnung gegenüber bsp. Dt.- und Tritojes. Informiert. Für Jub ist Gadir neben Gibraltar so wichtig wegen des Durchgangs vom Mittelmeer (Atil) zum Atlantik (Ma'k), s. cp 8.

Erde aus. Dabei wird in 8,25-29 und 9,7-13 Westeuropa als Sitz von Japhet und seinen Nachkommen erwähnt. In cp 11 taucht nun als Nachfolger Noahs als Träger des wahren Jahwewillens Abraham auf, der erfolgreich missioniert wird, während seine götzendienerische Verwandtschaft sich nicht zu Jahwe bekehrt. Damit ist die Klammer zwischen dem Thema "Noah/Weltverteilung" und "Patriarchen" hergestellt.

Und obwohl die Jakobsüberlieferung des Jub keinen Bezug auf die Weltverteilung nimmt, kommt dieser sekundär hinein über die aufgezeigte Klammer zu Abraham; denn dieser wird im Vergleich zu Isaak genauso bevorzugt von Jub behandelt wie Jakob, auf den die Vätertradition bei Jub mithilfe einiger Kunstgriffe zuläuft: Die Abrahams – und Isaakgeschichte des Pentateuch werden von Jub in cp 13-18 vergleichsweise kurz abgehandelt. In cp 19 wird Jakob eingeführt und läuft zu Abraham parallel bis zu dessen Tod. Gegenüber Gen 25ff. ist dies eine sehr bemerkenswerte Veränderung, stirbt doch dort Abraham *vor der Geburt Jakobs* (Gen 25,7ff. Tod Abrahams; Gen 25,19ff. Geburt Jakobs und Esaus). Jub aber schiebt den Tod bis weit nach der Geburt und Jugend Jakobs hinaus, weil er Jakob auf Kosten Isaaks zum direkten Erben Abrahams macht. Von vornherein ist Jakob vollkommen und gerecht. Dies hebt Jub durch den scharfen Gegensatz zu Esau hervor:

"Und Jakob lernte das Schreiben, Esau aber lernte nicht und lernte den Krieg, und all sein Tun war rauh" (19,13ff.).

Jakob erweist sich als Weiser (und gibt so auch ein gutes Modell für die hellenistisch-jüdische Wandermission ab)[5].

Abraham erkennt, daß "im Bereich Jakobs ihm Name und Same genannt würde" (19,16). Dementsprechend wid die Vorliebe Rebekkas für Jakob als Bestätigung von dessen Weisheitserkenntnis gedeutet. Aber vor allem werden nun Abraham und Rebekka (ohne Isaak) zu den wahren Weisheits-Eltern Jakobs, sodaß man annehmen muß, dies geschehe im Namen Jahwes und der Himmlischen Weisheit. Daß diese Annahme nicht ganz absurd ist, zeigt die Bewertung Jakobs durch die etwa zeitgleiche Sap Sal 10,10-12: "Einen Gerechten, der vor dem Zorn des Bruders floh, geleitete sie (die Weisheit) auf geraden Wegen, zeigte ihm die Königsherrschaft Gottes und enthüllte ihm heilige Geheimnisse"

---

5 Die Missionierung der antiken Welt durch jüdische Abgesandte begann unfreiwillig durch die Deportation nach Babylonien und könnte in Jer 29 ihr Anfangsdatum als nicht allein reaktives Unternehmen gefunden haben. Die freiwillige Besiedelung der antiken, auch vorhellenistischen Welt durch Juden ging einher mit der aktiven Verkündigung ihrer biblischen Tradition. S. dazu Georgi, "Missionary Activity in New Testament Times", Opponents ..." S.83ff.

... "Sie verlieh ihm den Siegespreis, damit er erkannte, daß die Gottesfurcht stärker als alles andere ist". Obwohl das Milieu der Sap. Sal. und ihre spekulative Orientierung von denen des Jub abweichen, zeigen sich zwischen beiden in der Einschätzung Jakobs doch Berührungspunkte: die Aufwertung aller "Mängel" der Jakobsgestalt zu Tugenden und seine Führung durch Gott und seine Weisheit.

Daß Jub auch an einer Verbreitung der Jakobsgeschichte in aller Welt interessiert ist, zeigt der Abrahamssegen an ihn: "Jakob wird an meiner – Abrahams – Statt auf der Erde sein und zum Segen unter den Menschenkindern und allem Samen Sems zum Ruhm" (19,17).

Auffallend ist, daß die folgende Liste gerade die "westeuropäischen" Namen von Gen 10 nicht nennt: "Und alle Segnungen, mit denen der Herr mich gesegnet hat und meinen Namen: Jakob und seinem Samen sollen sie gelten alle Tage. Und in seinem Namen wird gesegnet sein mein Name und der meiner Väter *Sem und Noah und Henoch und Mahalel und Enosch und Seth und Adam*" (19,23). Auf der Liste stehen die, welche sich als nicht anfällig für den Götzendienst erwiesen haben: Mesech, Ham, Japhet gehören nicht dazu und damit auch nicht die damit verbundenen Gebiete wie Spanien. Sollte Jub dort von jüdischen Niederlassungen wissen, so kommen sie schlecht weg und fallen unter das Verdikt des "Götzendienstes" (s.o.) Sollte vielleicht hier ein Grund für die Nicht-Erwähnung jener Gebiete auch bei den in cp I unserer Arbeit erwähnten Listen aus Acta und 1. Makk. Zu sehen sein? Waren die Juden, so es sie gab in "Gadir", für Jub und 1. Makk. nicht rechtgläubig genug, um Erwähnung zu finden?

Immerhin bleibt Jub bei seiner universalen Geltung der Jakobsfigur in ihrer Umbenennung als "Israel": "Dein Name soll nicht nur Jakob genannt werden, sondern auch Israel sollen sie deinen Namen nennen ... Und ich werde dich groß und sehr zahlreich machen, und Könige werden aus dir sein, und sie werden *überall richten, wo die Spur eines Menschenkindes hingetreten ist*" (32,17). Jub richtet sich mit Israel/Jakob an die gesamte damals bekannte Welt. Dabei wird sogar Mose zum direkten Jakob-Nachkommen, da nach der Bethelgeschichte in cp 33 Jakob in einem "Himmelsbrief" die Zukunft seiner Erben offenbart wird. Mose erhält dabei den himmlischen Brief in Form von sieben Tafeln von Reinheitsgeboten. Damit schließt sich der Rahmen des Jub.

Wir haben demnach in dieser Schrift ein Gegenprogramm zur Hellenisierungspolitik Antiochus Epiphanes IV, das ebenso universalistisch vorgeht wie diese, jedoch gegen den Herrscherkult des Ant.Ep. gerichtet ist.

Jub richtet sich an die damals bekannte Welt einschließlich Westeuropas, wobei "Gadir" als geographische Referenz geläufig ist. Dies entspricht der damaligen Bedeutung Andalusiens[6]. Doch diese Gegend wird betont von den Segnungen Jakobs ausgenommen aufgrund ihrer götzendienerischen Ahnherren. Diese negative Bewertung läßt auf Informationen über dort möglicherweise der Hellenisierungspolitik Antiochus zugeneigte Synagogen schließen oder sie dort zumindest vermuten. Direkt erfahren wir davon nichts. Dennoch erhebt Jub den Anspruch, daß die Jakobs/Israelüberlieferung "bis an die Enden der Erde" – in jener Zeit gleichbedeutend mit Gibraltar/Gadir[7] verkündigt werde (s.o.).

IV.2 Jakob bei Philo von Alexandrien

Jakob hat in beinahe allen uns erhaltenen Schriften Philos eine große Bedeutung. Leider ist das Jakob gewidmete Buch zwischen "De Abrahamo" und "De Josepho" verloren gegangen. So können wir uns nur auf die in den restlichen Schriften Philos verstreuten Jakobspassagen berufen; sie sind allerdings so zahlreich, daß wir uns mit einigen, für die Gesamtheit repräsentativen, Stellen begnügen müssen.

IV.2.1 Allegorische Interpretation Jakobs

Philo bevorzugt generell die nicht wörtliche oder gar historische, sd die allegorische Interpretation Jakobs. Das ist durch die missionarische Aktualisierung der LXX durch die hellenistische Synagoge in Alexandrien und der jüdischen Diaspora im Römischen Reich des 1. Jhdts bedingt[8].

Was die LXX für die Juden der Welt Philos bedeutet, erweist sich an deren Übertragung in die zu missionierende nichtjüdische Umgebung. Die Allegorie dient der universalen Auslegung in Maßstäbe, wie sie bspw. die stoische Philosophie und Psychologie gesetzt hat. Sie macht sich Philo zu eigen, indem er mit den Patriarchen der LXX die Tugendlehre der Stoa besetzt und so den Anspruch erhebt, daß allein der in Abraham, Isaak und Jakob "personalisierte" Weg der Tugend deutlich besser und originärer sei als der abstrakt begriffliche stoische

---

6 Zur wirtschaftlichen Bedeutung Südwestspaniens s. M.P. Charlesworth, "Trade Routes an Commerce of the Roman Empire", Chicago 1974, 2. Aufl., S.163ff. ("Spain").
7 Strabo, II, 1: πέρατα δή αὐτῆς (τῆς οἰκουμένης) τίθεσι μέν τάς Ἑράκλειος στῆλας.
8 s.o. A. 5. Danach ist Philos Werk nicht als Individualliteratur zu verstehen, sondern als synagogale Auslegung (S. dazu Georgi, "Opponents", A 59 zum 2. Kp.), welche die Mitglieder ihrerseits befähigte, für ihre heidnische Umwelt missionarisch zu wirken.

Zugang. ""Denn es gibt nichts Gutes, das nicht Gottes und göttlich ist. Schnell also suche es auf, Seele, wie der tugendbeflissene Jakob, der auf die Frage des Vaters "was ist das, was du so schnell fandest, mein Kind" der Glaubenslehre entsprechend antwortete: "Was Gott der Herr mir überlieferte"" (Gen 27,20). (de sacr. Ab. Et Caini 64)

IV.2.2 Jakob als Vorbild der von allen angestrebten Tugend

In der gleichen Schrift heißt es in § 6: "Von dem ... tugendeifrigen Jakob heißt es, er werde dem Besseren zugesellt, nachdem er das Schlechtere aufgegeben hatte (Gen 49,33)".

Da die griechische und hellenistische Literatur (Thukyd. I, 121,4; Plato Phaedr 269; Seneca Ep 94,47) den Weg der Tugend als einen für alle zugänglichen und v.a. erlernbaren Weg beschreibt, personalisiert Philo die dort beschriebenen Wege des Lernens, der Naturanlage und der Übung in den drei Patriarchen Abraham, Isaak und Jakob: Ausgehend von Ex 3,15: "Dies ist mein Name auf ewig, der Gott Abrahams, der Gott Isaaks, der Gott Jakobs", sagt Philo in De Abrahamo § 50ff.: "Dies scheint nun zwar so gesagt zu sein, als ob es sich nur um fromme Männer handelte (dies wäre der direkte Schriftsinn, Ossa); es liegt aber darin eine Bedeutung von tieferer und viel besserer Natur als die Dinge in der Sinnenwelt haben (und dies ist die allegorische Interpretation, Ossa). Die heilige Schrift scheint nämlich Charaktere der Seele vorzuführen und zwar lauter gute, *von denen der eine in Folge von Belehrung, der andere vermöge seiner Naturanlage, der dritte durch Übung nach dem Guten strebte. Denn der erste, mit Namen Abraham, ist das Sinnbild der durch Belehrung erworbenen Tugend, der zweite Isaak, das Sinnbild der natürlichen, der dritte, Jakob, das Sinnbild der durch Übung erworbenen Tugend.* Nicht jedoch ist zu verkennen, daß jeder von ihnen sich alle drei Fähigkeiten zu eigen machte ... Richtig also verknüpfte er die drei aufs engste miteinander, *die dem Wortlaut nach Männer, in Wahrheit aber, wie gesagt, Tugenden waren, die Naturanlage, das Lernen und die Übung* Die Menschen nennen sie mit anderem Namen die drei Grazien".

Das Studium der Thora und dabei der Patriarchen also, das sich in Gottesdienst und Unterricht der Synagoge vollzieht, ist das missionarische Angebot der Juden an die Tugend suchende nichtjüdischen Welt. Dabei bedeutet die Gleichsetzung mit den drei Grazien die Einheit in den Offenbarungs- dh. Geschenkcharakter der Tugendsuche (Grazie = Charis). Das Lernen der Tugend geht den Weg der von Gott aller Welt über die Synagoge geschenkte Offenbarung Gottes.

Im damals beliebten Motiv vom spielerischen Wettkampf, nicht allein auf der sportlichen Arena, sondern auf der des Geistes, sieht Philo (in de Somnis I,166ff./645ff. M) Jakob als den größten und als die Verkörperung aller ἀρεταί καί δυνάμεις: "Von der Tugend sagt die Heilige Schrift, sie entstehe entweder durch natürliche Begabung (φύσει) oder durch Übung (ασκῆσει) oder durch Lernen (μαθῆσει), weshalb sie auch die drei Ahnherren des Volkes als Weise bezeichnete, da sie, wenn sie auch nicht von derselben Vorstellung ausgingen, doch zum selben Ziele hinstrebten ... Daher wird ganz richtig der durch Lehre sich vervollkommnende Abraham Vater Jakobs genannt; nicht der Mensch Abraham Vater des Menschen Jakob, sondern vielmehr die hörende, zum Lernen ganz bereite Kraft Vater der kämpferischen Kraft (ἀσκητικής δύναμις), die zum Wettkampf (ἀθλῆσιν) geeignet ist. Wenn nun aber dieser Kämpfer mit aller Anspannung bis zum Ziele lief und klar sah, was er zuvor verschwommen im Träume schaute, wurde er mit dem besseren Siegel umgeprägt und Israel, der Gott Schauende, genannt anstatt der listige Jakob" (vgl. Praem 5; omn. prob 88, Migr 27).

Für Philo verkörpert Jakob das Angebot Israels an alle Welt, den besten Weg zur Tugend in der hellenistisch-jüdischen Synagoge zu suchen. Dem Leser wird an der Jakobstradition vorgeführt, daß allein die biblischen Schriften die wahrhaft erstrebenswerte Tugendlehre bieten, wenn sie allegorisch verstanden werden: "Denn wir haben, da wir ja um die Tugend ringen, das hochbedeutsame Bestreben, das auch Jakob hatte, zu vernichten und zu zerstören die der Seele fremden Götter (Gen 35,2), dh. die gegossenen Götterbilder, die herzustellen Moses verboten hatte (Ex 34,17 θεούς χονευτούς ού ποιήσεις u.ö.); sie bedeuten die Auflösung der Tugend und wahrer Seelenlust" (Leg All III,22).

Gott selber in seiner Ausschließlichkeit begegnet den Tugend suchenden ZeitgenossInnen in der Auslegung der Jakobsgeschichte, wie sie die hellenistische Synagoge anbietet, und das Ausschließen der Leidenschaften ist allein im Bekenntnis zu Jahwe und im Ablegen der übrigen Götter möglich. Dabei rückt Jakob an die Seite Moses.

Die Interpretation Jakobs bei Philo kennt jedoch auch innerhalb der biblischen Überlieferung Modelle für allgemein nicht ratsames Verhalten. Dies zeigt die Bewertung der von Jakob erschlichenen Erstgeburt: "Die Schrift bezeichnet bei der Erzählung von Jakob und Esau jenen als Herrscher, Befehlshaber und Gebieter, den Esau als Untergebenen und Diener, während sie sich beide noch im Mutterschoß befanden. Denn Gott, der Bildner der Geschöpfe, kennt seine Werke ... vor ihrer letzten Vollendung" (Leg All 88). Wieder ist der Sinn der Auslegung der, den ZeitgenossInnen in einer ihrer alltäglichen Regungen, der Vorfreude, die Offenbarung Jahwes aufzudecken: "Einige Güter nützen uns erst, wenn sie uns zuteil geworden sind, wie Gesundheit, Schärfe der Sinne ... andere aber ... auch schon, wenn ihr Kommen uns verkündet ist. *So erquickt uns die Freude ... nicht erst, wenn sie da ist ... sondern bereits wenn sie erhofft wird*" (aaO. 86).

Die schriftgemäße Differenz zwischen Jakob und Esau spiegelt für Philo das Gefälle zwischen Tugend und Leidenschaften. Deswegen ist einsichtig, daß "Jakob" auch das Erstgeburtsrecht verliehen werden muß: "Was für das Leben die Speise, das ist für das Gute die Anstrengung. Sie also vernachlässige nie, damit du alle Güter in Fülle genießest. *So wirst du, wenn auch nach Geburt der Jüngere, doch der Ältere genannt und der Erstgeburt für würdig befunden werden. Wenn du aber dich ständig vervollkommnend zum Ziel gelangst, so wird dir der Vater nicht allein das Recht der Erstgeburt schenken, sondern auch das ganze väterliche Erbteil, wie auch dem Jakob ...*" (Post Cain 42f.).

"Der Liebhaber der Tugend wird ... schon in den Windeln in den Altersrat der Einsicht eingereiht ... Diesem folgt nun die heilige Schrift, ... wenn sie folgerichtig den Jakob seiner Geburt nach zwar jünger als Esau einführt, seiner Bedeutung nach aber als Altersreiferen; darum geht auch Esau des Erstgeburtsrechtes verlustig, und dieser macht es sich mit Fug und Recht zu eigen" (Sobr. 24-26).

Philo legt hier die Schrift gegen den Text in Gen 25 aus, eben weil es nicht um die wörtliche sondern um die tiefere Bedeutung der Schrift geht: und die besagt den Triumph des Besseren über das Schlechtere. Und das besteht nicht im fragwürdigen Verhalten Jakobs, den Bruder zu übervorteilen; dieser Mangel wird von Philo im Gegenteil als Vorteil verstanden.

IV.2.3 Die kollektive Bedeutung Jakobs als Israel

Eine Überbietung der bisher genannten Allegorese Jakobs begegnet bei Philo in der Auslegung von Gen 32, 28: "Als daher Jakob, der Strebende und Kämpfer in den Kämpfen der Tugend, *seine Ohren gegen Augen, Reden gegen Taten, den Fortschritt gegen die Vollkommenheit eintauschen sollte,* da ihm der gebefreudige Gott ein Auge in seine Seele einsetzen wollte, damit er das *klar erschaue,* was er zuvor bloß mit dem Gehör aufgenommen hatte ... da ertönte ihm der Ausspruch Gottes: "Nicht Jakob soll ferner dein Name genannt werden, sondern Israel soll dein Name sein; denn kraftvoll hast du dich erwiesen mit Gott und mächtig mit den Menschen" (Gen 32,28). *Jakob ist also die Bezeichnung für das Lernen und den strebenden Fortschritt, Fähigkeiten die vom Gehör abhängen; Israel aber für die Vollkommenheit; denn Schau Gottes bedeutet dieser Name*" (Ebr. 82).

Etymologisch leitet Philo dies von hebr. "Gott sehen" ab, vgl. Geb Ab. 120 und Conf Ling 72.

Philo folgt hier Plato und der Stoa, die dem Gesichtssinn einen Vorrang gegenüber dem Gehör geben, weil das höchste Ziel, die Weisheit, nur geschaut werden kann, vgl. Plato Phaedr. 250D.

Damit bedeutet die Kollektivierung des Jakob in das Volk Israel einen qualitativen Höchstsprung für dessen Bedeutung für alle tugendsuchenden Menschen. Kann Jakob überhaupt noch überboten werden, indem er in Israel eingeht? "Denn die Prägung des Wissens und der Erziehung, welcher der Name Jakob bezeichnet, wird in Israel in den "Sehenden" umgeprägt; dadurch kann er auch das göttliche Licht schauen, gleichbedeutend mit dem vollkommenen Wissen ... die Weisheit selbst ist aber nicht etwa, wie das Licht, nur ein Mittel zum Schauen, nein sie vermag sogar sich selbst zu schauen; sie ist das Urlicht Gottes" (Migr Abr 38-40).

Israel, aus Jakob geworden, ist demnach sowohl der Zugang als auch das Wesen der Vollkommenheit selbst: die Weisheit, eine Hypostase Gottes, ein Teil von Gottes Vielfalt selbst.

Da Philo diese Auslegung vollständig für die entgrenzte Missionierung der Diaspora entwickelt hat, können wir annehmen, daß seine Auslegung Jakobs so auch im Mittelmeerbereich transportiert werden konnte. Es ist nicht auszuschließen, daß die Gestalt Jakobs als Zugang zur Weisheit Gottes über die Schriften Philos nicht nur im Osten, sd auch im Westen vermittelt worden ist.

IV.2.4 Das Verhältnis Jakobs zur Völkertafel Gen 10

In "De sobrietate" 65f. schlägt Philo einen Bogen zwischen Sem und Jakob: "Sem ist gleichsam wie eine Wurzel sittlicher Vortrefflichkeit in die Erde gelegt; der Edelfrucht tragende Baum, der aus ihr aufschließt, ist der weise Abraham; dessen Frucht war Isaak, die selbst hörende und selbst lernende Art; von ihm werden wieder die durch Mühen vervollkommneten Tugenden gesät, um welche der im Ringen gegen die Leidenschaften geübte Jakob kämpft, welcher zu Lehrmeistern die Engel, die Vernunftkräfte, hat. Dieser ist der Stammvater der zwölf Stämme ... Vielleicht aber läßt sich der Inhalt des Segenswunsches auch auf Japhet beziehen ...".

Jakob wird demnach mit der allegorischen Bedeutung von Sem und Japhet in Verbindung gebracht. Dies würde auch einschließen, daß die geographische Verteilung der "Semiten" und "Japhetiten" auf die damals bekannte Welt mit zur allegorischen Bedeutung ihrer Namensväter gehört. Nach Gen 10 fällt darunter auch "Tarschisch" als Nachkomme Japhets.

Wir begegnen demnach bei Philo einer Beziehung der – vor allem bei Philo entgrenzten – Jakobsgestalt auf die Völkertafel, dh. Jakob ist eine missionarische Figur, die bei Philo über Gen 10 auch noch einen direkten Bezug zur Region Japhets (in der sich Spanien befindet) in expliziter Weise erhält. Somit können wir vermuten, daß die zu missionierende Welt des römischen Imperiums nicht allein vom Anspruch Jahwes auf alle Völker nach Gen 10 hörte, sondern auch von der Offenbarung des Tugendweges an alle Welt über Jakob/Israel, wie bei Philo beschrieben.

IV.3 Weltverteilung und Jakobshaggadah bei Josephus

Josephus geht in Ant I,6 auf die Verteilung der Welt unter den Nachkommen Noahs ein. Dabei interpretiert er Gen 10,2ff. – das Erbe der Japhetsöhne – als eine Entdeckung Asiens und Europas: "Japhet, der Sohn Noes, hatte sieben Söhne, deren Landbesitz von den Bergen Taurus und Amanus in Asien bis zum Flusse Tanais, *in Europa bis nach Gadira reichte.* Da diese Landstriche bis dahin unbewohnt waren, so gaben sie den dort sich niederlassenden Völkern ihre Namen" (I,6,1).

Damit geht Josephus über die P-Vorlage in Gen 10,2-4 hinaus. Dort sind zwar in den Namen der Noahnachkommen Tubal, Meschech und Tarschisch Gebiete Westeuropas genannt, die bis zur Atlantikküste reichen, doch der Kommentar in V 4 schränkt dies wieder auf das Mittelmeergebiet ein ("Inselvölker").

Josephus aber zeigt sich mit der Geographie Westeuropas seiner Zeit vertraut. Für ihn erstreckt sich Westeuropa bis nach Gadir.

Auch über die Entstehung der Völker aus den Noachiten nach Gen 10 (V.32!) hat Josephus eine weitergehende Theorie: er weiß etwas über das *Verbleiben* Israels in der damals nach seiner Auffassung *unbesiedelten* Welt und deren Namengebung. Damit nimmt Josephus das jüdische Volk als Ahnen und Namengeber aller Völker an, und dies umfaßt auch ganz selbstverständlich die Spanier: "Den Thobelern (Tubal), die *heute Iberer genannt werden,* gab Thobal den Namen ...". Und Tubal ist Noahnachkomme und somit Teil nicht allein der Welt- sd. Auch der Israelgeschichte.

Josephus kennt demnach eine von Gen 10 unabhängige Tradition über eine sehr lange zurückliegende jüdische Präsenz auf der gesamten Welt, einschließlich Spaniens. Damit deckt sich der Kommentar von P in Gen 10,32: "Von ihnen (Noahsöhnen) zweigten sich nach der Flut die Völker der Erde ab".

Daß er Tubal mit den Iberern in Verbindung bringt, geht jedoch aus Gen 10 nicht hervor. Könnten "iberische" Juden selber Gen 10 so ausgelegt haben? Dies würde bedeuten, daß sie die Urgeschichte nach P gekannt haben müßten, oder eine eigene hatten, in der sie vorkamen.

Das Verhältnis dieser Überlieferung zur Jakobsgeschichte bei Josephus nimmt diesen allerdings nicht für Westeuropa in Anspruch.

Jakob bleibt für Josephus ein Vorgang für die Mitte der Welt, Palästina, Chananäa, Mesopotamien und Ägypten (I,18f.; II,7f.), wobei seine Rolle für Ägypten mit der des Joseph konkurriert. Allein der Segen für die Jakob-Nachkommen hat wieder einen universalistischen Klang: "Die Menge deiner Nachkommen aber wird unzählig sein, und dein Geschlecht wird wachsen; ich werde ihm die Herrschaft dieses Landes geben, und die Nachkommen werden das ganze Land bevölkern und das Meer, soweit die Sonne es bescheint." (I,19.1)

Die Spitze liegt hier auf dem Signal an die Besatzungsmächte: Dieses Land ist von Gott selbst *uns* gegeben worden.

Immerhin stellt Josephus die Jakobsnachkommen ganz selbstverständlich als weltweite *Seefahrer* hin: "Das Meer bevölkern, *so weit die Sonne es bescheint*".

Josephus bringt demnach Jakob nicht in eine spezifische Verbindung zu Spanien, wohl aber die Noahnachkommen einerseits und Jakobsnachkommen anderseits durch die weltweite Seefahrt in Verbindung zur gesamten Welt. Dies ist die innere Verbindung zwischen beiden Überlieferungen (Urgeschichte/Erzväter).

Jakob ist für Josephus auch eine *gewaltlose* Gestalt: auf die Vernichtung der Stadt Sichem als Reaktion der Söhne auf die Schändung der Jakobtochter Dina reagiert Jakob abwartend: "Jakob ... erbat sich Bedenkzeit ..." (auf den Heiratsantrag Sychems, des Vergewaltigers). Über die Vernichtung Sichems "war Jakob erschüttert und zürnte deshalb seinen Söhnen" (I,22,1 und 2).

Für diese Rachetat bringt Jakob sogar ein Sühnopfer dar (22,2).

Die Gestalt Jakobs soll mit militärischer Rache gegenüber Nichtjuden nicht in Verbindung gebracht werden.

IV.4 Pseudo-Philo, "Antiquitates Biblicae", und Demetrios

Diese und die Jakobsliteratur aus den Pseudepigraphen (s.u.) enthalten keinen Bezug zur Völkertafel. Dennoch sind sie Beispiele für die Auslegung des Patriarchen durch die Diasporasynagoge des Mittelmeerraumes in hellenistischer Zeit.

In diesem Werk wird unter cp VIII die Jakobsgeschichte sehr pointiert behandelt. Vor allem fällt auf, was der Verf. unterschlägt: die gesamte Geschichte Jakobs zwischen seiner Geburt und seiner Eheschließung entfällt, der Segen wird mit keinem Wort erwähnt, Die Umbenennung Jakobs in Israel nicht gestreift.

Dafür rückt jedoch die Nachkommenschaft Jakobs in den Vordergrund, also die zwölf Söhne und vor allem die Tochter Dina. In den insgesamt drei Versen der Jakobsgeschichte bei Pseudo-Philo bekommt die Vergewaltigung der Dina und die *Rache* der Söhne Jakobs (Gen 34) einen ganzen Vers: "Und es wohnte Jakob im Lande Kanaan, und Sichem, der Sohn des Horiters hemor raubte Dina, seine Tochter, und erniedrigte sie. Und die Söhne Jakobs Simeon und Levi drangen ein und töteten ihre ganze Stadt mit der Schärfe des Schwertes und sie nahmen Dina ihre Schwester und gingen weg von dort" (VIII,7). Damit endet bei Ps.ph. die Jakobsgeschichte. Aus Gen 34 sind die VV 2 und 27 als repräsentativ für den gesamten Text zitiert. Verändert (abgeschwächt) ist das "vergewaltigen" durch "erniedrigen".

Dies kann bedeuten, daß für die AdressatInnen des Werks die Gegengewaltbereitschaft mithilfe der Jakobsüberlieferung herausgestrichen werden sollte, als mögliche Warnung an Gegner, die vor der Erniedrigung = Vergewaltigung von Frauen nicht zurückschreckten.

Die Jakobstradition spielt dabei die Rolle einer Warnung: Wer auf den Spuren Jakobs wandelt, sollte auch kampfbereit sein und Gewaltakte an Frauen rächen können. Jakob und *Gewalt* ist hier das Thema, jedoch nicht als Angriff, sondern als Reaktion auf Gewalt gegen Frauen. Jakob steht hier auf der Seite der Unterdrückten. Nur durch eine wiederum gewaltsame Korrektur konnten Angreifer wie die christlichen Spanier gegen die Moslems diese Tradition des "Städte in Schutt und Asche Legens" für sich beerben. Wir haben hier möglicherweise ein Modell hellenistisch-jüdischer Jakobsliteratur zum Thema "Gewalt", das, durch die frühe Kirche beerbt und mit dem vergleichbaren Thema aus Lk 9,54ff. zur bezweckten Vernichtung Samarias kombiniert, zu einer biblischen Legitimation von *Angriffsgewalt* (z.B. gegen Moslems in Spanien) im Namen des Jakob und des Jakobus führen konnte.

Demetrios

Aus dem zweiten vorchristlichen Jahrhundert stammend, bietet dieses hellenistisch-jüdische Werk eine Darstellung der Geschichte der Juden bis zur Königszeit. Überliefert ist es durch Alexander Polyhistor und Eusebius (s. Jüd Schr. Aus hell. Zeit, Bd. III, S.280ff.). In Eus Praep. Ev IX 21,1-19 wird die Jakobsgeschichte nach LXX resümiert. Sie setzt mit der Flucht Jakobs vor Esau ein, erwähnt den Segensbetrug nur in Parenthese und legt großen Wert auf die Nachkommen Jakobs. Bei der weiteren Zusammenfassung pointiert Demetrios auf Gen 32 (Kampf mit dem Engel und Umbenennung in Israel) und Gen 34 (Dinas Schändung): "Es habe Israel 10 Jahre bei Emmor gewohnt, und die Tochter Israels, Dina, sei von Sychem, dem Sohn Emmors, geschändet worden, als sie 16

Jahre und 4 Monate alt war. Da seien die Söhne Israel, Symeon im Alter von 21 Jahren 4 Monaten und Levi im Alter von 20 Jahren 6 Monaten, erregt aufgesprungen und Hätten Emmor und Sychem, seinen Sohn, und alles Männliche wegen der Schändung der Dina ermordet; Jakob sei damals aber 107 Jahre alt gewesen" (V9).

Demetrios ergänzt einerseits die LXX um die Altersangaben der Söhne und Jakob. Anderseits, ebenso wie später Psphilo, unterschlägt Dem die Kritik Jakobs an dem Racheakt der Söhne (Gen 34,30f.).[9]

Die Tendenz ist analog zu Psph.: Jakobstradition in Verbindung mit Gegengewalt gegen Frauenschänder. Das Gewaltmotiv ist auch hier aufs engste mit dem Motiv der Gewalt gegen Frauen verbunden.

IV.5 Apokalypse des Zephanja

Dieses Dokument aus dem ersten Jahrhundert beschreibt eine Himmelsreise des Propheten Zephanja, bei der er Visionen über das Neue Jerusalem und die Gerichtsurteile über die Gottlosen erhält. Aus einem vergleichbaren Kontext wie die Offenbarung des Johannes entstanden, wurde das Dokument aus dem Griechischen ins Koptische übersetzt. Es ist mit den Henochbüchern verwandt und mit der Nag Hammadi Paulus-Apokalypse (s. weiteres bei Charlesworth, OTP, 503ff.).

In der Gerichtsvision in Kp 9, verkündet ein "großer Engel" dem Autor, daß er dem Gericht entgangen sei und sein Name "im Buch des Lebens" stehe. Darauf "rennt der Engel zu allen Gerechten, insbesondere Abraham, Isaak und Jakob und Henoch und Elia und David. Er sprach zu ihnen wie ein Freund zu seinem Freunde".

Die Patriarchen gehören zu den bereits dem Hades Entkommenen und stellen so mit den übrigen Gerechten ein Modell für die leidenden jüdischen Märtyrer dar: auch ihnen steht nicht der Hades, sondern die himmlische Entrückung bevor. Der Ort der Entrückung wird in Analogie zum Offenbarungszelt des Mose beschrieben, in dem mit Gott auf *freundschaftliche* Weise kommuniziert wird. Alle Schranken zwischen Gott und Mensch sind gefallen. Zu diesem partnerschaftlichen Kommunikationsmodell sind die Patriarchen auf gleicher Ebene mit den Propheten und sogar dem König David befördert worden: die irdischen

---

9 Zu Gen 34 s. A. Standhartinger, "Um zu sehen die Töchter des Landes", FS D. Georgi, 1994 S.89ff. Der Aufsatz beschäftigt sich mit Gen 34 in seiner hellenistisch-jüdischen Auslegung aus der Perspektive Dinas.

Hierarchien (z.B. zwischen Patriarchen, Propheten und Königen) gelten nicht mehr. Der Himmel ist ein demokratischer Ort, zu dem Menschen Zugang haben. Wir haben es mit einer antihierarchischen Interpretation der Patriarchen zu tun, die ziemlich singulär dasteht und damit ihre Nähe zur Gnosis kundtut. Jegliche Gewalt ist für dieses Patriarchenmodell undenkbar. Dennoch ist Zephanja Zeuge der ewigen Verdammnis der Gottlosen (cp 4) im Feuersee (cp 6).

Die Patriarchen spielen jedoch keine verurteilende Rolle.

IV.6 Dokumente der jüdischen Gnosis: Die "Jakobsleiter" und "Das Gebet Jakobs"

Die "Jakobsleiter" ist in einer slavischen Übersetzung eines nicht mehr in Original erhaltenen jüdischen Textes überliefert. Das Original ist irgendwann in den ersten vier Jahrhunderten n.Chr. entstanden. Es legt Gen 28 (Jakobs Traum und Umbenennung in "Israel") aus. (Charlesworth, S.403ff.). Die Gnosis hat auf das Dolument Einfluß gewonnen (s. die hypostasierte "Stimme" in cp 2f.).

Bereits das Ende des 1. Kapitels zitiert die universalisierende Verheißung aus Gen 28,13f. "Das Land, auf dem du liegst, weill ich dir und deinen Nachkommen geben." In V 14 fügt der Text ein: "wie die Sterne des Himmels" (werden deine Nachkommen zahlreich sein). V 14 wird aus LXX übernommen: "Du wirst dich unaufhaltsam ausbreiten nach Westen und Osten"; aber unterschlägt den "Norden und Süden".

Dies könnte bedeuten, daß der Verfasser hauptsächlich an einer Mission auf der Ost-West-Achse interessiert ist. Das hieße Mitteleuropa als Entstehungsort (denn bei Afrika käme bei der obigen Formulierung nur der amerikanische Kontinent als Westen in Frage, gegen dessen Bekanntheit zu der Zeit einiges spricht). "Westen" bedeutet demnach eher "Westeuropa", wahrscheinlich bis nach England, Irland, Grönland, einschließlich der südwest-europäischen Länder.

Von Bedeutung ist in dem Dokument vor allem, daß "Jakob" = "Israel" bereits präexistent in dem "Erzengel Sariel" = Israel ist: "Und als ich betete, trat eine Stimme vor mein Angesicht und sprach: "Sariel ... der du für Träume zuständig bist, gehe zu Jakob und lehre ihn den Traum verstehen" (in Cp. 1 beschrieben).

Jakob gewinnt hier eine über die LXX-Segensverheißung hinausgehende Relevanz, da er als "Israel" die Kopie des präexistenten Sariel ist. Nicht allein "himmlisches Jerusalem" ist hier die Devise, sondern eben "himmlischer Jakob =

himmlisches Israel". Dies dient der missionarischen Selbstdarstellung und Erhöhung des Selbstbewußtseins von Diaspora-Juden.
"Jakob" als Missionsgestalt ist hier jedenfalls denkbar.

IV.7 Testamente der drei Patriarchen: Das Testament Jakobs

Das wichtigste der drei aus dem 1. Jhdt. stammenden jüdischen Werke aus Ägypten ist das Testament Abrahams, von dem das "Test. Isaaks" und "Test. Jakobs" abhängig sind.

Dennoch geht es nicht um Testamentarisches, sondern Apokalyptisches im Rahmen von Visionen und Himmelsreisen der drei Patriarchen im Angesicht ihres Sterbens. Ihr Tod ist nur Rahmen, innerhalb dessen eine *Wertediskussion* geführt wird. Die drei Patriarchen genießen hohes Ansehen als "unsere Väter". In diesem Sinne übernahm sie die koptische Kirche, die ihnen am 4. September einen Gedanktag einrichtete (Test.Abr. 14,7; Is. 8,1; Jac. 8,1; Zum weiteren s. Charlesworth, OTP, S.715ff.).

Aus Test. Jac VI,1 geht das missionarische Interesse des ägyptischen Judentums hervor: der Tod Jakobs ist ein nationales Ereignis, das beim Pharao Trauer und Weinen auslöst. So bedeutend ist der Patriarch, daß er in II,9 als "Vater vieler Nationen" tituliert wird.

Anderseits ist der Tod Jakobs nur Fiktion, denn der Erzengel Michael kündigt ihm an, daß er "in die ewige Ruhe versetzt", entrückt, werde (II,26). Jakob ist unsterblich und löst über seine Umbenennung in "Israel" eine Kette von vier Seligpreisungen aus (II,19ff.). Eine davon preist jede Nation selig, die "sich für Jakobs Reinheit und seine guten Werke einsetzt" (II,21).

Jakob bekommt auf diese Weise – und Israel über Jakob – internationalen Rang; im Unterschied zu Philo nicht durch Allegorese, sondern über die Auslegung des "natürlichen" Schriftsinns.

Für Juden und Kopten und über sie für jedermann, werden Jakobs "Werte" erstrebenswert: Fasten, Beten, Thora Lesen, Barmherzigkeit werden als Schutz gegen Dämonen angepriesen.

Schließlich ist es entscheidend, im Endgericht Jakob als Fürsprecher zu gewinnen, der – in der koptischen Überarbeitung – neben Jesus und Maria als Fürsprecher tritt.

Jakobs erzieherische Bedeutung spielt hier eine Rolle, ebenso wie seine Unsterblichkeit und Solidarität im Endgericht.

Das Gebet Jakobs (zwischen 1. Und 4. Jhdt.)

Dieser auf Sap. Sal. 7-9 bezogene jüdische Text ist sowohl von der Gnosis wie von den Zauberritualen beeinflußt (näheres dazu bei Charlesworth, aaO., 715ff.), die auf eine Verwandlung in einen "irdischen Engel" und die Gnade der Unsterblichkeit abzielen: "Fülle mich mit Weisheit ... als einen irdischen Engel, der unsterblich geworden ist und deine Gaben empfangen hat" (17ff.).

Das Ende macht deutlich, daß dieses Gebet zur Nachahmung empfohlen wird: "Sprich das Gebet Jakobs siebenmal Richtung Norden und Osten". Es fällt auf, daß Salomo, das eigentliche Modell des jüdischen Weisen (1. Kö 3ff.) durch den Patriarchen Jakob als Weisen ersetzt worden ist. Auch die Anrufung Gottes geschieht im Namen der Patriarchen: "Vater der Patriarchen ... ich rufe dich an" (1-3).

Das ägyptische Judentum, und über dieses die koptische Kirche, hat demnach, wie wir auch bei Philo gesehen haben, den Patriarchen Jakob weisheitlich gedeutet und ihn wie Elia unsterblich verstanden, ebenso aber als einen, der den Zugang zum Charisma der Unsterblichkeit durch Zauberworte (= die androgynen Namen Gottes, s. 9ff.) vermittelt. Obwohl der Text darüber keine Auskunft gibt, ist dieser hohe Rang Jakobs vermutlich aus biblischen Traditionen wie Gen 28 und 32 (Jakobs Traum und Jakobs Kampf mit dem Gottesboten und seine Umbenennung) erwachsen.

Alle bisher untersuchten Schriften lassen keinerlei Zusammenhang von Mission und Gewalt in Namen Jakobs erkennen.

V Jakob/Israel im Neuen Testament und Apokryphen

Sachlich besteht keine Trennung zu den Schriften des vorherigen Komplexes. Die Verwandtschaft der neutestamentlichen Schriften zu den sog. "zwischentestamentlichen" Dokumenten besteht darin, daß sie im gleichen Kontext des Römischen Reiches und im Rahmen der jüdisch-hellenistischen Synagoge ihren besonderen Akzent der Botschaft von Tod und Auferweckung Jesu als einen Beitrag zum Auftrag Israels an die Völker anboten[1].

Bei Paulus im *Römerbrief haben wir nun eine manifeste Absicht des Apostels, missionarisch Spanien zu bereisen (Rm 15,14ff.); im selben Brief (und sonst in keinem weiteren) setzt sich Paulus mit Jakob/Israel auseinander (9,10-13).*

Gibt es zwischen einen Zusammenhang zwischen Spanien- und Jakobsthema?

Angesichts der Tatsache, daß Paulus hingerichtet wurde, bevor er seine Pläne ausführen konnte, muß an 1.Clem. 5 die Frage gestellt werden, wieso er trotzdem am Ende des 1. Jahrhunderts behauptet, "Paulus" sei "bis an die Grenzen der Erde" (Spanien) gekommen.

Auch der Jakobusbrief richtet sich an die "12 Stämme in der Diaspora" (1,1ff.) in Gestalt des "Jakob" und vertritt damit durch den Patriarchen als himmlische Figur die gesamte von Juden missionierte Welt des Römischen Reiches.

Schließlich bietet der Pseudotitusbrief eine Stimme aus dem antiken jüdisch christlichen Spanien, die auch den Patriarchen Jakob als himmlische Gerichtsgestalt versteht.

Diese vier Dokumente geben Hinweise auf die Mission Spaniens mithilfe der Patriarchengestalt in neutestamentlicher Zeit und auf eine mögliche "Anreicherung" des neutestamentlichen Zebedaiden durch die Auslegung des Patriarchen aus der aktualisierten Hebräischen Bibel. Philologisch sind sie im Griechischen ohnehin durch gleiche Schreibweise zu verwechseln (Ἰάκωβος = Ἰακώβ).

Auch der Patriarch Jakob brachte mit sich durch die *Segensverheißung* an ihn als Israel (Gen 32,29f.) jenen utopischen Gehalt mit sich, den Paulus als den Segen der Kollekte mit sich nach Spanien auszuführen vorhatte (Rm 15,29).

---

1 Wie sehr auch das Heidenchristentum als jüdischer Bestandteil gesehen wurde, zeigt die Forderung der "Falschbrüder" aus Gal 2,4, die neuen Jesusgläubigen aus heidnischer Herkunft beschneiden zu lassen.

V.1 Paulus

V.1.1 Römer 9,10-13

In Rm 9-11 diskutiert Paulus, wie es zu verstehen sei, daß seine "Geschwister ... nach dem Fleisch ..." das Evangelium der Gottesgerechtigkeit (1,16) nicht annehmen.
9,10-13 spitzen das Thema zu auf Rebekka als Mutter der Zwillinge Jakob und Esau. Analog zu den Vv 6-9, die Saras Rolle betonen, ist auch der Abschnitt 10-13 in Wahrheit ein *Rebekka*-Text. V 10 läßt durch οὐ μόνον δέ, ἀλλὰ καί Ρεββέκα alles auf sie zulaufen (als Anakoluth). Nach dem Subjektwechsel in V 11 – nun sind die Zwillinge Subjekt – kehrt V 12 mit dem – durch p 46 und D ausgelassenen, aber aus Gen 25,23 LXX stammenden αὐτή zu Rebekka zurück. Man kann hier von einer Art "doppelter Befruchtung" Rebekkas sprechen: von Isaak durch den Beischlaf und von Gott durch seine Anrede. Dabei wird der Unterschied zu den beiden Frauen Abrahams (in V 6-9 in ihrer allegorischen Bedeutung thematisiert) deutlich: Rebekka bekommt gleich zwei Kinder Ἰακώβ καὶ Ἐσαῦ ἐξ ἑνὸς κοιτὴν ἔχουσα = aus nur einem Samenerguß meint "aus nur *einer geschlechtlichen Beziehung* entstanden" (im Vergleich zu Abraham, der dazu mindestens zwei brauchte).

Die Schwangerschaft Rebekkas illustriert bei Paulus Gottes Freiheit, weil bei der Berufung via Befruchtung niemand Einfluß ausüben kann; Gott allein ist für Befruchtung, Ausdifferenzierung und das künftige Geschick des Samens und der Eizelle im Bauch der Mutter zuständig. Dieses Wunder ist gegen jegliche menschliche "Machbarkeit" geschützt: V 11 stellt dies mit ἀγαθόν καὶ φαῦλον = lectio difficilior gegen den Hebraismus = ἀγαθόν ἢ κακόν = gar nichts tun dar. Insofern wird Rebekkas Schwangerschaft zum Beispiel für Rechtfertigung und Erwählung Gottes, die das eine Israel vom anderen trennt.

Rebekka hat somit zwei Partner, Isaak und Gott, und die Zwillinge dementsprechend zwei Väter.

Der Jakobstext ist bei Paulus paarweise bearbeitet:

| Rebekka/Jakob | Rebekka/Isaak | Rebekka/Gott |
| Jakob/Esau | Jakob/Gott | Jakob/Isaak |

Dies dient der intertextuellen Analyse von Gen 25,23 durch Mal 1,2, *um den gegenwärtigen Riß zwischen Israel in Jesusbekennende und -ablehnende zu deuten*. Gott haßt das uneinsichtige Israel nach dem Maß Esaus in Mal 1,2 und wird es dem Jesus-bekennenden Israel unterwerfen, nach dem Maß Jakobs in

Mal 1,2. Dies ist für Paulus eine Lösung im Sinne der Verheißung für das jetzt noch uneinsichtige Esau-Israel.

Auch in der – etwas jüngeren – jüdischen Schrift des 4. Esra begegnet eine ähnliche Deutung: 4. Esra 4, 7-10 deutet das "Fersenhalten" von Gen 25,26 mit Mal 1,2 auf das ablaufende alte Zeitalter und die kommende neue Weltzeit: "Das Ende dieser Welt ist Esau, der Anfang der kommenden Jakob. Denn das Ende des Menschen ist die Ferse und der Anfang des Menschen ist die Hand. Zwischen Ferse und Hand suche nichts weiter, Esra". In cp 3,13-35 wird mit Mal 1,2 bewiesen, daß Israel zwar den Weg Esaus gegangen sei, seine Sünden aber doch leichter wiegen als die rechtlichen Völker: "Nun also wiege unsere Sünden und die der Weltbewohner auf der Waage. Einzelne Menschen, die deine Gebote gehalten haben, wirst du zwar finden, Völker aber wirst du nicht finden" (34-36).

Wieviel radikaler fällt die paulinische Selbstkritik des Volkes Gottes aus!.

Wer ist nun, für Paulus, der bevorzugte Jakob? Nach 9,13 ist "von Gott geliebt" und Träger der Verheißungskette ins Universale: "Ich werde mir ein Volk berufen, das ein Nicht-Volk ist, und eine Nicht-Geliebte als eine Geliebte" (Rm 9,25 nach Hos 2,25). V 30 schließt mit der Aussage: "Völker, die keine Gerechtigkeit suchten, haben Gerechtigkeit empfangen".

"*Jakob*" bedeutet demnach die *rechtmäßige Weitergabe von Gottes Gerechtigkeit an nichtjüdische Völker und Proselyten.*

Damit ist die gesamte jüdische Diaspora gemeint und, im Fall des Römerbriefs, das noch teilweise brach liegende Spanien (15,14ff.).

Hierin liegt eine noch andere Bedeutung Jakobs: die seines allegorischen "Wertes", wie bei Philo entwickelt und von Paulus ebenfalls angewendete Methode der Exegese.

Wie Jakob für Philo der höchste ἀληθής = Wettkämpfer der Tugend ist, so die Gemeinde bei Paulus in Phil 1,27 und 30: im Kampf um die Solidarität des Evangeliums συναθλοῦντες τοῦ εὐαγγελίου repräsentiert die Gemeinde "Jakob" = das "wahre Israel".

Wie bei Jub und anderen apokryphen Schriften haben wir auch bei Paulus einen ähnlichen Befund: von Jakob ist als "wahres Israel" in Schreiben die Rede, in denen es auch um die Präsenz von Juden in der Völkerwelt geht. *Aber der Bezug ist nicht expressis verbis hergestellt,* sondern jeweils textlich durch mehrere Kapitel und andere Themen getrennt. Die Leser müssen die angedeuteten Verbindungen selber herstellen. So auch im Römerbrief: wie ist die Rede von Rebekka/Jakob/Wahres Israel in cp 9 auf die Spanienpläne in cp 15 bezogen?

V.1.2 Römer 15,14-33

Hier ist von der Spanienmission in zwei Themenkreisen die Rede:
a) die Front gegen den Kaiserkult[2]
b) die Beendigung des bisherigen Zyklus (κύκλος) von Mission und Kollekte

V.1.2.1 Die Front gegen den Kaiserkult

In 15,16 bezeichnen die Begriffe λειτουργός Χριστοῦ ... καί ἱερουργός τοῦ εὐαγγελίου im Verhältnis zu den ἔθνη eine Herausforderung der mit den εὐαγγελία des Cäsars betrauten Beamten und Priester des Kaiserkults[3]. In 15,16 spricht Paulus (sonst nie) von sich als "Priester" des Evangeliums in Konkurrenz zu den Priestern der εὐαγγελία des Cäsar. In den folgenden Versen greift er das Vokabular der am Modell des Theios Aner orientierten jüdischen Mission inclusive ihrer Demonstration durch Machttaten auf, um sich selbst darzustellen[4]. Dies zeigt einen kreativen Umgang mit sonst von ihm abgelehnten Modellen auf, wenn die Front eine andere ist als bei den Gegnern des 2. Korintherbriefs[5].

---

[2] Insbesondere der Römerbrief ist ab dem 1. Vers des 1. Kapitels eine Auseinandersetzung mit der "Machtergreifung" römischer Cäsaren im Horizont der Erhöhung des gekreuzigten Davididen; s. dazu D. Georgi, "Gott auf den Kopf stellen", in J. Taubes, Theokratie III, 1987, S.148ff., besonders S.191ff.

[3] Die in der Inschrift von Priene genannten εὐαγγέλια des Kaisers hatten staatsliturgische Konsequenzen: die Veränderung des Jahresanfangsdatums, jedoch auch die kultische Verehrung des Kaisers, die trotz der Reserve des Augustus gegen seine eigene kultische Glorifizierung (er besteht darauf, nur "primus unter pares" zu sein) aus den Fresken des Ara Pacis neben dem Augustus-Mausoleum in Rom deutlich gerade für die Zeit des Augustus ersichtlich ist.
Ebenso weisen heute noch antike Namenstafeln auf die Straßen der "augustali" (der Beamten des Kaiserkults) und deren Wohnungen im römischen Hafen von Ostia hin.
Zum Komplex des Kaiserkults und der Caesarenreligion s. Georgi, aaO. S.184 A 158 und 193 A 184.

[4] λειτουργεῖν = dem Volk (δῆμος) als politischem Gemeinwesen einen Dienst erweisen, Plutarch, An Seni Respublica Gerenda II 794 a; in der LXX wird dies auch auf den Tempelkult bezogen, s. z.B. 2. Chron 35,3; bei Philo sowohl für den kultischen wie für den öffentlichen Dienst verwendet, Poster. Caini 185 θεόν τιμᾶν καί τῆς λειτουργίας und Omn Prob Lib 6 λειτουργίαν ἔχεσθαι.
ἱερουργεῖν = Priesterdienst am Gesetz verrichten, 4. Makk 7,8; Opfer bringen. In Rm 15,16 im übertragenen Sinn die "Heiden darbringen" als Opfer.
Bei Augustus, Corpus Glossarium Latinorum 1888, 26.21.25: Der Kaiser wird durch die von ihm übernommene Gewalt des Volkstribunats sakrosant, s. ThWBNT III, 225.

[5] s. zum Ganzen D. Georgi, "Opponents" ... 229ff.

Gegenüber den Vertretern des Kaiserkults im Westen stellt sich Paulus eine missionarische Konkurrenz durchaus vor. Dies könnte auch bedeuten, daß dieser Missionsstil im Westen bekannt ist und Paulus ihn so als gemeinsame Basis verwenden kann. Seine Absicht ist es aber, nicht auf dem θεμέλιον = Grundlage der Synagoge zu missionieren (V 20). Das schließt dann aber auch den aus den restlichen Briefen bekannten anti-heroischen Missionsstil mit ein.

V 19b κύκλῳ πεπληρωκέναι meint den Wechsel zu einem neuen "Zentrum" (Rom) für die neuen "Peripherien" des Westens. Im übrigen stellt Paulus das Evangelium als Selbstläufer vor, das keine flächendeckende, sondern eher exemplarische Anwesenheit des Missionars erfordert.

Spätere Schriften, wie der 1. Clem., haben behauptet, "Paulus" sei ἐπὶ τό τέρμα τῆς δύσεως = bis an die Grenzen des Westens gelangt. Dabei wird Paulus mit dem selbstlaufenden Evangelium identifiziert, und sicherlich auch seine SchülerInnen gleichermaßen.

"Paulus" ist eben mehr als der "historische Paulus". Er ist der über seinen Tod hinaus lebendige Impuls des durch ihn repräsentierten Christusevangeliums.

Ob er oder andere in seiner Spur nun Spanien missioniert haben, macht bei diesem Verständnis keinen entscheidenden Unterschied, sondern nur die Frage, *welches Evangelium* verkündet wird, das des Christus oder das des kaisers. Das "österliche" Verständnis der Wirkung des Gekreuzigten erstreckt sich auch auf seine VerkündigerInnen; ihr Tod für den Christus macht sie erst recht lebendig.

V.1.2.2 Die Beendigung des alten und der Beginn eines neuen Zyklus

Der Beginn eines neuen Reisezyklus von Rom aus nach Westen ist in Rm 15 zusammen mit dem Abschluß des bisherigen Zyklus mit dem Zentrum Jerusalem erwähnt. Das hat einerseits zeitliche Gründe: noch ist die Kollekte für Jerusalem nicht abgegeben bzw. angenommen und der Ausgang der Jerusalem-Reise ist offen. Doch auch inhaltlich sind beide Projekte miteinander verbunden: *vor allem V 28f. erhofft sich von der Übergabe der Kollekte die (πλήρωμα τῆς) εὐλογίας = Lobrede, Segen. Ohne dies kann sich Paulus die Spanienreise nicht vorstellen. Der Segen aus der Kollekte ist Bedingung für die Spanienmission.*

Die Durchreise V24 διαπορευόμενος durch Rom ist öfter als Beleidigung der Hauptstadt verstanden worden. Doch ist zu fragen, ob die RömerInnen es nicht eher als einen Vorzug sahen, als ReisebegleiterInnen in das damals allseits gepriesene Spanien zu fungieren[6]. Von daher könnte 15,17f. positiv bedeuten: καύχησις ἐν Χριστῷ = im Bereich des Christusleibes macht es stolz, nach

---

6 s. Käsemann "An die Römer" 4. Aufl., Tübingen 1980, z. St.

Beendigung des östlichen "Zyklus" im Utopia des Westens das neue Recht der διακονία V 31 zu vertreten. Daß der Christus V 18 Subjekt der Mission ist, unterstreicht dies noch einmal.

V 19-21 kündigen den Abschluß der bisherigen Missionsarbeit und den Beginn einer neuen an dort, "wo der Christus nicht genannt worden ist". Daß Illyrien beim bisherigen "Zyklus" erwähnt wird, zeigt daß die Reichweite der Mission des Paulus weit größer ist als ihre Dokumentation im Fragment der uns erhaltenen Briefe. Entscheidend ist für seine Arbeit, daß Paulus "das Evangelium erfüllte", indem er den Anstoß dafür in einzelnen Städten gab und es dann den Gemeinden überließ, der Durchsetzung des Evangeliums als Selbstläufer in den restlichen Gebieten Folge zu leisten. So werden lediglich "Markierungen" genannt, wie Jerusalem als Mittelpunkt und Illyrien als Ende der Via Egnatia. Dabei bedeutet κύκλῳ wohl eher "sich kreisförmig ausbreitend" im Sinne der oben beschriebenen Dynamik des Evangeliums.

V20f. samt dem Zitat Jes 52,15 nennt die Strategie der künftigen Mission im Westen. So wie der παῖς θεοῦ, zunächst erfolglos, nun aber Gehör bei den Völker findet, so wird sich der Christusleib gerade durch das Kreuz ausbreiten.

Wenn in 20 vom ἀλλότριον εὐαγγέλιον die Rede ist, dann wahrscheinlich im Sinne der Auseinandersetzung mit dem "anderen", dh. Kaiserlichen Evangelium und seiner Voraussetzungen. Paulus rechnet demnach mit einer Konfrontation mit der politischen Theologie des Cäsar im seit zwei Jahrhunderten römisch verwalteten und regierten Spanien.

Ob auch die Jesusmission "der Beschneidung" sich so verstand? Könnte auch sie mit dem "fremden Fundament" im Sinne der heroischen Märtyrerchristologie a la Rm 3,24ff. gemeint sein?

V 22-24: Die Aussage über die Mission in der Vergangenheit "im Osten" wird zum Modell für die zukünftige Praxis in Spanien "im Westen". Rom als Durchgangsstation für jüdische Reisen nach Spanien ist wegen Ostia als Hafen damals üblich. διαπορεύεσθαι = durchziehen und προπεμφθῆναι = ausstatten bzw. durch landeskundige ReisegefährtInnen begleitet werden gehört zur Missionssprache[7].

Die römische Gemeinde oder einzelne ihre Glieder muß über Juden und Synagogen und die Topographie Spaniens orientiert gewesen sein, sonst hätte Paulus sich nicht an sie mit der Bitte um Reisebegleitung im spezifischen Sinn der Missionsreise gewandt.

Wir können also trotz des Schweigens der uns bekannten Quellen vermuten, daß Jerusalem nicht nur spanischen Thunfisch importierte, sondern auch dessen Umfeld und mögliche jüdische Siedlungen kannte. Analog galt das auch für die

---

7 aaO.

jüdische Gemeinde in Rom, mit oder auch ohne Jesus-Orientierung. Der Seeweg war von Ostia aus entweder Tarraco (Norden) oder Gades und dauerte in beiden Fällen nicht länger als eine Woche: "Die bätischen (Bätis = Südspanien) Schiffe, die in großer Zahl stets im Hafen von Rom lagen, waren wohl zum großen Teil Schiffe der Gaditaner, deren reiche Handelsleute einen großen Teil des Bodens, der Bergwerke, des beweglichen und unbeweglichen Vermögens von Spanien in ihren Händen hatten"[8].

Innerhalb Spaniens gab es auf der West- und Südseite ausgebaute Handelswege, so z.b. von Gades nach Sevilla und von dort über Astigis (röm. Obergerichtshof) nach Cordova, und dann weiter nach Toledo, Saragossa und Tarraco.

V. 25-29: Der Einschub von 25-27 beschreibt im Hinblick auf die Spanienreise, was Paulus selber als Gastgeschenk mitzubringen hofft: den Segen πλήρωμα εὐλογίας. Dieser wird als Geschenk der Jerusalemer Gemeinde an die Spanier nach Annahme der Kollekte erhofft und *bildet so das Bindeglied zwischen den Gemeinden in Ost und West.*

Insofern ergibt sich die Spanienmission nicht allein aus dem Resultat, daß Paulus im Osten keinen τόπος mehr hat und deshalb wie viele andere U-Topisten seiner Zeit ins "Wirtschaftswunderland Spanien"[9] auswandern möchte. Sondern der Segen aus der Kollekte selbst drängt nach Spanien, und Paulus reist ihm nach. Er erwartet sich also nicht etwas vom Westen, sondern bringt dem Westen etwas neues: den Segen des Christus in seiner Form der Mission: als Gottesgerechtigkeit ohne die Werke des (Rm 3,18).

Wir wissen, daß der Ausgang der Pläne des Paulus anders war. Paulus selbst wurde bei der Überbringung der Kollekte nach Jerusalem verhaftet und in Rom hingerichtet.

Konnte der Segen deshalb in seinem Lauf nach Spanien aufgehalten werden? Ein römisches Martyrologium zum 15. Mai sagt dazu:

"In Spanien des Andenken des heiligen Torquatus, Ktesiphon, Secundus, Indaletius, Cäcilius, Hesychus und Eu phrasius, welche in Rom von den heiligen Aposteln zu Bischöfen geweiht und zur Predigt des Wortes Gottes nach Spanien gesendet wurden"[10].

Abgesehen vom nicht sehr hohen Alter der Quellen – 1586 – enthält die Nachricht doch zwei Hinweise, die etwas mit der Realität nach dem Scheitern der Spanienmission durch Paulus zu tun haben könnten:

---

8 W. Gams, "Die Kirchengeschichte von Spanien", Graz 1956, S.56.
9 A. Dewey hat in seinem Aufsatz gezeigt, daß auch die früheren Briefe des Paulus voller utopischer Erwartung stecken, aaO., S.335ff. ("Pauls Pre-Roman Intimations").
10 u. 11. Gams, aaO., S.77.

- es wurden 7 durch "die Apostel" (Paulus und Petrus?) Männer mit lateinischen, aber auch griechischen (jüdischen?) Namen nach Spanien geschickt, um dort zu missionieren;
- Ausgang war die römische Gemeinde.

Sollte Acta 28,30f. eine verschlüsselte Nachricht über diesen Vorgang enthalten?

Daß Paulus in seiner Haft Besuch erhalten habe, wird über private Verbundenheit der Besuchenden doch wohl auch ein Hinweis auf Treffen der römischen Gemeindeglieder in der Haft des Paulus *mit dem Ziel der Neuorganisation und -planung seiner Spanienpläne sein können.*

Die Sieben sind uns sonst aus dem Römerbrief nicht bekannt. Doch sind ihre Namen mit der Missionierung einzelner spanischer Städte eng verbunden:

Torquatus:	Acci
Secundus:	Abula
Cäcvilius:	Illiberi
Euphrasius:	Illiturgi
Ktesipho:	Vergi
Indaletius:	Urci
Hesychus:	Carteja

Wir könnten also annehmen, daß der gefangene Paulus und die römische Gemeinde die Spanienpläne mit anderer Besetzung dennoch durchführten. Ob sie allerdings auch die Kreuzestheologie des Paulus vertreten haben, bleibt ungewiß.

Sowohl die Deuteropaulinen als auch der 1. Clem. Vertreten eher eine heroische Märtyrertheologie, wenn sie von "Paulus" als Missionar auch jenseits seines Todes (in seinen SchülerInnen) reden.

V.2 Der 1. Clemensbrief

Aus Rm 3,24ff. können wir entnehmen, daß in der römischen Gemeinde der Tod Jesu als Märtyrertod verstanden wurde. Der Tod der Märtyrer galt als heroische Tat von Gerechten, die ihr Blut sichtbar vergießen und so Sühne erwirken. Ihr Tod ist jedoch nur scheinbar; in Wahrheit werden sie nämlich entrückt. So hatte es die hellenistisch-jüdische Weisheit in Sap Sal 3,1-3 und 4,7-13 geprägt: "Da er mitten unter Sündern lebte, wurde er entrückt"; "in den Augen der Toren sind sie (die Gerechten) gestorben ... die Seelen der Gerechten sind in Gottes Hand, und keine Qual kann sie berühren". Der Tod wird hier nicht anerkannt, weil er zum scheinbaren Sieg der Ungerechten gehört, die Entwückung oder Unsterblichkeit schlägt den bösen Mächten ein Schnippchen. Während Paulus im Gegensatz dazu betont, daß der wirkliche Tod des Jesus – in Korrektur der Märtyrertheologie – gleichzeitig die Wende zur Präsenz des Auferweckten beinhaltet, hat gerade die römische Gemeinde an ihrer heroischen Theologie offenbar festgehalten, wie der 1. Clemensbrief zeigt.

Der in Rom in etwa domitianischer Zeit entstandene 1. Clemensbrief gibt sich als Paulusschüler und tut so, als sei er über Paulus gut informiert und gehöre zu dessen Generation. Doch wird gerade dies in Frage gestellt durch die Weise, wie er Paulus versteht.

Der Verfasser versucht auf sehr autoritäre, gänzlich unpaulinische Weise einen Konflikt in Korinth zu lösen, einer Gemeinde, die ihrerseits gerade den echten Paulusbriefen 1. und 2. Kor. Eine Einweisung in solidarische Christologie und Ekklesiologie erhalten hatte (1. Kor 12; 13; 2. Kor. 4; 10; 22).[11]

1. Clem. 1,1; 46,9 u.ö. meint jedoch, das legitime Erbe des Paulus anzutreten, wenn er ordnungstheologisch zur Unterwerfung unter die "Ältesten" ruft.

Der Verfasser fragt gar nicht nach den – vermutlich berechtigten – Gründen für den Aufstand gegen die Ältesten, sondern mahnt zur Unterordnung (1,2-2,8). Dabei wird generalisierend die Störung "aus Eifersucht und Streit" hergeleitet (4,1ff.), die ein vorheriges Stadium der Harmonie abgelöst haben soll: "Ihr ... wandeltet in den Satzungen Gottes, indem ihr euren Vorstehern *untergeordnet wart* ... Den Frauen gebotet ihr ... ihre Männer geziemend zu lieben. *Auch lehrtet ihr sie im Rahmen der Unterordnung, das Hauswesen ehrbar zu verstehen, in jeder Hinsicht besonnen.*" (1,2ff.)

Dem Schreiber geht es um eine vertikale Gehorsamsordnung, auch und gerade der Frauen. Damit vertritt er das Gegenteil der paulinischen horizontalen und demokratischen Organisation der Gemeinde in Kirche und Gesellschaft[12] nach 1. Kor 12. Was Paulus in 1. Kor 12 als charismatische Begabung der Glieder des Leibes Christi beschreibt, also das freie und unberechenbare Wirken der Charis-

---

11 Die Rotation der Charismata ist durch 1. Kor 12 Sache des Pneuma. 1. Clem 44,3 ist als normale Ablösung von "Ämtern" zu verstehen, die per Gemeindewahl pneumatisch neu besetzt werden würden. Demgegenüber ist die Beweisführung aus 1. Clem 44,1-3 und 40,5 fremd, daß gerade die charismatisch Gewählten *unabsetzbar* seien, völlig unpaulinisch. Jedoch war damit die Sukzessionslehre der römischen Kirche geboren (s. H. Lietzmann, "Die Geschichte der Alten Kirche", I, Berlin 1961, 4. Aufl., S.200ff.). Zu 1. Clem. s. H. Lona, KAV 2, Göttingen 1998 und A. Lindemann, HNT 17, Tübingen 1992.
12 Daß Paulus Grundbegriffe der römischen politischen Theologie benutzt (πίστις, δικαιοσύνη) zeigt, daß es ihm nicht allein um eine gemeindeinterne Demokratisierung ging. Die angeführten Begriffe hat Augustus in den Res Gestae 32 u.ö. zur Beschreibung der völkerrechtlichen Beziehungen Roms verwendet.

mata als Geschöpfe des Geistes, das ist für 1. Clem verdächtig und chaotisch zugleich, eben Produkt von Zank und Eifersucht, Kontrollverlust schlechthin.
1. Clem kennt wahrscheinlich weder die Paulusbriefe noch Paulus selbst. Für ihn steht Paulus für etwas anderes: für ein Modell auf dem Gebiet der ὑπομονή als Ausdauer, die ihn durch ruhmvolle Taten zu einem öffentlichen Amtsträger im Gegenüber zu den kaiserlichen Beamten qualifiziert.
Augustus hat diesen Begriff in seinen Res Gestae 10f. eingeführt:

"Mein Name wurde auf Senatsbeschluß dem Kultlied der Salier beigefügt, und daß ich auf ewig unverletzlich sein und die tribunizische Amtsgewalt auf Lebenszeit innehaben sollte, wurde durch ein Gesetz bekräftigt".

Das Amt = honos = ἐξουσία ist als Produkt der Leistung (res gestae) anzusehen[13]: "da die Ehre der Lohn des Verdienstes ist, ... so ist ... er ehrenwert und geehrt"[14].
Analog ist die ὑπομονή Ausdauer, die in 1. Clem 5,5 und 7 die Ruhmestaten des Paulus beschreibt ("siebenmal in Fesseln, vertrieben, gesteinigt, ein Herold im Osten wie im Westen ... die ganze Welt Gerechtigkeit gelehrt; bis an die Grenzen des Westens gekommen; vor den Herrschern Zeugnis abgelegt") als der honos des Paulus zu verstehen, der ihm seine "Entrückung" als "Siegespreis der Ausdauer" gewährt: "So schied er aus der Welt und gelangte an den heiligen Ort" (V 7).
Die Taten des Paulus und sein Tod werden märtyrertheologisch als Tugendleistung gewertet und sein scheinbarer Tod mit eigentlicher Entrückung gleichgesetzt (vgl. 4. Makk. 16f. und Sap. Sal 2,20-3,1ff.). 1. Clem ist an dauerhaften Amtsträgern in der Kirche interessiert, in Entsprechung zu den römischen Honoratioren. Charakteristisch ist dafür auch, daß für ihn Paulus zu den "Säulen" gerechnet wird (5,2), analog zu Petrus, Jakobus und Johannes. Dies zeigt, daß 1. Clem zumindest den Galaterbrief nicht kennt, sonst mäßte ihn die scharfe Kritik des Paulus an den Jerusalemer "Säulen" davon abhalten, Paulus diesen von ihm nicht angestrebten Rang zu verleihen. Doch gehört der Begriff auch zur Märtyrertradition: 4. Makk 17,3 sind die sieben Brüder wie "Säulen" (στῦλοι). Zusammen mit der schon beschriebenen ὑπομονή als Ausdauer (im Amt) scheint 1. Clem so etwas wie einen jüdisch-christlichen "Res Gestae" in Konkurrenz zum römischen Monument beim Augustusmausoleum errichten zu wollen.
Dabei wird Paulus durch seine ὑπομονή und πίστις zum ἀθλητής (Wettkämpfer) und so zum Nachfolger des großen ἀθλητής Jakob, wie bei Philo als vorzüglichen Athleten im Kampf um die Tugend beschrieben. Paulus als Erbe

---

13 Somn I, 166f.
14 Cicero Brut 281

Jakobs: Paulus wird als eine Art Held gezeigt. Dem ordnet sich auch der zunächst paulinische, aber von 1. Clem als Leistungsprinzip verstandene πίστις-Begriff unter: τό γενναῖον τῆς πιστεως αὐτοῦ κλέος ἔλαβεν "empfing er den edlen Ruhm für seinen Glauben". Für Paulus heißt πίστις die Solidarität Gottes mit den Menschen (Rm 3,18 u.ö.)[15]. Für Clemens bedeutet die πίστις καί δικαιοσύνη einfach eine Leistung mehr. Ebenso dient auch die Gestalt des Paulus, um ihr die Spanienmission und ihr Zeugnis vor den Herrschenden als höchste Ruhmestat anzudichten: καί ἐπὶ τό τέρμα τῆς δύσεως ἐλθεῖν καί μαρτυρῆσας ἐπὶ τῶν ἡγούμενων "bis an die Grenzen des Westens gekommen und vor den Herrschenden Zeugnis abgelegt" (V.7).

Der Verfasser des 1. Clem muß als Glied der römischen Jesusgemeinde gewußt haben, daß und auf welche Weise Paulus in dieser Stadt den Tod fand, bevor er seine Spanienpläne umsetzen konnte. Aber es geht ihm gar nicht um den echten Paulus: er idealisiert seine Gestalt, um mit seiner Autorität die eigene zu untermauern, um mit Paulus eine in Jakobs- und Märtyrerliteratur überlieferte Tugendlehre der Unterwerfung von Gemeinden unter bestimmten Amtsträger neu aufzulegen.

Wichtig ist dabei, daß 1. Clem darüber Auskunft gibt, *daß bereits zur Zeit seiner Verfassung – also ausgehendes 1. Jahrhundert – eine Spanienmission geschehen ist, die er mit Paulus in Verbindung bringt.*

So können wir den 1. Clem als älteste Quelle für die Spanienmission werten, die von Rom ausging und aus dem Kreis um Paulus während seiner römischen Gefangenschaft in die Wege stammen könnte.

Über die theologischen Vorzeichen dieses Spanienunternehmens wissen wir nichts. An 1. Clem ist zu registrieren, daß die Kreuzestheologie des Paulus in den Kreisen, aus denen der Brief stammt, wirkungslos geblieben sein muß, oder aber bewußt zurückgenommen wurde, nachdem ihr Urheber deswegen zu Tode kam.

In dem Fall wäre der 1. Clem ein Versuch, gleichzeitig die Zugehörigkeit zu einem "gereinigten" Paulus zu wahren und sich selbst aus der herrschaftskritischen Zone der echten paulinischen Theologie herauszuhalten. Darauf könnten die Bemerkungen über das Zeugnis des Paulus vor den Herrschenden – des gesamten Westens? – und über seinen Tod als Entrückung in V 7 hinweisen. Beides bleibt betont im Nebel, obwohl gerade in Rom innerhalb der Jesusge-

---

15 so Gottes Tun beschreibend, nicht das menschliche "Glauben". V.a. im Galaterbrief, erst Recht im Römerbrief, überträgt Pls den Πίστις-Begriff der politischen Bündnistreue der Cäsaren auf Gottes Loyalität. S. dazu Georgi, "Gott auf den Kopf stellen" in J. Taubes, Theokratie III, München 1987, S.193 A 184.

meinden das wahre Geschick der Beseitigung des Paulus mehr als bekannt gewesen sein dürfte.

Paulus wird entpaulinisiert und zum Tugendhelden nach dem philonischen Modell des Jakob verändert; er wird für eine autoritäre Ekklesiologie und ein Amtsverständnis vereinnahmt, das mit der Charismenlehre des 1. Kor nichts mehr zu tun hat. Der Patriarch Jakob, so wie Philo ihn verstanden hat, und Paulus rücken dabei in enge Gemeinschaft, und nach diesem Modell, so nimmt 1. Clem an, soll auch Spanien missioniert worden sein – in der zweiten Hälfte des 1. Jahrhunderts, von Rom aus und durch "Paulus", d.h. durch römische Gemeindeglieder, die seine Aufgabe an seiner Stelle erfüllten. Ob sie es allerdings so getan haben, wie 1. Clem es sich wünscht, bleibt offen.

V.3 Der Patriarch Jakob und Jakobus der Zebedaide

In "De Persecutione" § 23, von Afrahat[16] verfaßt, heißt es um 344:

"Auch Simon und Paulus waren vollendete Märtyrer. Und Jakobus und Johannes traten in die Fußstapfen ihres Meisters Christus".

Das sog. "Syrische Martyrologium" in einer 411 angefertigten syrischen Übersetzung einer älteren griechischen Vorlage, nennt den 27. Dezember als Fest der Apostel Johannes und Jakobus[17]. In Jerusalem wird um die gleiche Zeit am 25.12. das Tempelweihfest als Fest des Ahnherren Jesu und "seines Bruders Jakobus" gefeiert. Da der biologische Bruder Jakobus kein Zwilling Jesu war, muß es sich um den Zebedaiden als "Bruder" handeln (im Tod beider begründet).

Das "Itinerar des Antonius" (6. Jahrhundert) spricht von einem jüdischen Fest am Grab des Patriarchen David und Jakob.

Dazu Lietzmann: "Dies jüdische Fest in Jerusalem ist spät christianisiert und zum Ausgleich mit der in der in übrigen Christenheit üblichen Begehung des 25.12. verwertet worden: aus dem Erzvater Jakob wurde der Bruder des Herrn".

Die "Jakobusse" der Hebräischen Bibel und des Neuen Testaments haben sich gegenseitig durchdrungen und angereichert.

Dafür bietet der *Jakobusbrief* einen neutestamentlichen Beleg. Meyer[18] bringt die oben beschriebene Übertragung von Jakob auf Jakobus mit der christ-

---

16 Zit. Bei H. Lietzmann, "Petrus und Paulus in Rom", Berlin und Leipzig 1927, S.133.
17 aaO. A 2.
18 s.A. Meyer, "Das Rätsel des Jakobusbriefs", Gießen 1930.

lichen Überarbeitung einer ursprünglichen Jakobsallegorese in Verbindung, dem Jakobusbrief.

Nach Meyer ist der ursprüngliche Jakobusbrief in den "hellenistischen Synagogen entstanden, in denen die 12 Stämme Jakobs durch den Knecht Gottes uralte Weisheit empfingen"[19]. Dabei reichte die Diaspora der hellenistischen Synagoge in Jac 1,1 sicherlich ohne Grenze eben so weit, wie Juden sich nach allen Himmelsrichtungen und Kontinenten verbreitet hatten[20]: Alexandrien gehörte auf jeden Fall dazu, und von dort war es nicht weit bis nach Südspanien.

Meyer sieht den Jakobusbrief in seiner vorchristlichen Fassung als eine Allegorese des Jakobsegens Gen 49[21]. Der Jakobus von Jac 1,1 ist demnach der erhöhte Patriarch, der uns oben bereits in Pseudepigraphen und Apokryphen als solcher begegnete.

Davon geht auch Frankemölle[22] aus, wenngleich er weniger Gen 49, sondern eher das Buch Jesus Sirach zugrundegelegt hat, das seinerseits bereits Gen 25-49 verarbeitet hat:

"Den Segen für alle Menschen und den Bund ließ er ruhen auf dem Haupte Jakobs.
Er zeichnete ihn aus durch seinen Segen und gab ihm das Land zum Erbteil und teilte seine Gebiete auf ... unter zwölf Stämme" (Sir 44,23).

Beide Forscher, die hier exemplarisch für die neuere Auslegung stehen, nehmen an, daß der Patriarch *Jakobus für alle Juden in der Diaspora der hellenistischen Synagoge etwas zu sagen hatte, bzw. von ihm der Segen für ein internationales Judentum ausging.*

Daß die Jesusgemeinden später Jac 1,1 auf einen der beiden Jesus-Märtyrer bezog (den Bruder Jesu oder den Zebedaiden), hat zur *Durchdringung beider Gestalten* und zur Aufwertung der einen durch die andere geführt.

Wie auch immer: beide Gestalten wurden auf diesem Wege zu Figuren transnationaler Bedeutung.

Israel und die Jesusgemeinden verstanden sich als korporative Repräsentanten von Jakob und Jakobus zugleich, und der Märtyrertod der neutestamentlichen Jakobusse wertete sie als Tugendkämpfer und unsterbliche himmlische Größe auf.

---

19 aaO. S.305.
20 Zur Verbreitung der Juden im 1. Jahrhundert s. Georgi "Opponents", S.83ff.
21 S.303.
22 Zur weiteren Diskussion um den Jakobusbrief s. U. Schnelle, "Einleitung in das Neue Testament", Göttingen 1996, S.438ff.

V.4 Der Pseudo-Titus-Brief

Dieses Dokument aus dem 5. Jahrhundert stammt höchstwahrscheinlich aus dem Spanien Priscillians[23]. Sein Schlußsatz lautet: "Der Brief des Titus, des Schülers des Paulus, über den Stand der Keuschheit". Das Dokument versteht sich somit im Zusammenhang oder gar als Alternative zum deuteropaulinischen Pastoralbrief "Titusbrief" aus dem Neuen Testament, hat aber inhaltlich ganz andere Akzente. Während der Titusbrief an der Hierarchie von Vorgesetzten über Untergebene, Männer über Frauen, Herren über Sklaven interessiert ist, (Tit. 2 und 3) ist der Verfasser des Pseudo-Titus vor allem an der Askese in Frauen- und Männergemeinschaften orientiert. Santos Otero[24] nimmt an, daß das Milieu des Pstit in ländliche Konventikel von asketsich lebenden Frauen und Männern weist, die Priscillian nahestanden. Dieser, aus gnostischen und manichäischen Kreisen stammend, wollte mit seinen reformerischen Konventikeln eine Alternative zur hierarchischen Kirche seiner Zeit schaffen[25]. Dabei spielte der gleichwertige Gebrauch von kanonischen und außerkanonischen, insbesondere Apokryphen des AT und NT eine große Rolle, vor allem in Reaktion auf die Trennung zwischen Christen und Juden, wie sie bspw. durch die Synode von Elvira Ende des 4. Jahrhunderts zum Ausdruck gekommen war[26]. Gnosis und Manichäismus werden durch Priscillian positiv gesehen, die Paulus-Tradition hochgeschätzt, auch wenn nicht alle paulinischen Briefe bekannt sind (Pseudotit zitiert nur Gal, 1. Und 2. Kor), Römer 8 scheint auch vertraut (s.u.). Der Pseudotit belegt die Buntheit der spanischen Kirche im 5. Jahrhundert und die Vielseitigkeit ihrer Paulus-Rezeption.

Für den Pstit spielen sowohl die Patriarchen Abraham, Isaak und Jakob als auch die Zebedaiden eine wichtige Rolle.

V.4.1 Die Patriarchen als eschatologische Richter

Der Pseudotit richtet sich an asketische Konventikel und schreibt: "Sollte eine Christo verlobte Jungfrau mit einem fremden (Mann) überrascht werden, so sol-

---

23 TRE, 27, S.450ff. und RGG 3, Bd. V, 588.
24 "Der Pseudo-Titus-Brief", in W. Schneemelcher, "NT-Apokryphen" II, 5. Aufl., S.50ff. und ders., "Der apokryphe Titusbrief", ZKG 74, 1963, S.1ff.
25 So ist seine Gründung von Landkonventikeln zu verstehen.
26 Die "canones" der Synode von Elvira beschreiben ungewollt eine Fülle von Gemeinsamkeiten von Judentum und Christentum in Spanien. Sie sind ein Beleg für jahrhundertealte Beziehungen zwischen beiden und weisen auf eine gemeinsame Geschichte hin.

len beide zu ihrer endgültigen Aburteilung vor das Gericht der Ältesten, d.h. Abrahams, Isaaks und Jakobs gestellt werden, denen obliegt, in Sachen ihrer Kinder zu urteilen. Dann werden die Väter ihre eigenen Kinder als Missetäter verleugnen"[27].

Die Patriarchen werden hier in einem Rechtsverhältnis von Vätern zu Kindern gesehen, das analog zu den Aussagen in Rm 8,14ff. zu einer legitimen Erbschaft berechtigt (auf die Patriarchen bezogen, geht es wohl um den Segen).

Doch die Patriarchen haben auch die Funktion der Ältesten, der himmlischen Presbyter, die zum "Thronrat" Gottes gehören (s. 1. Chron. 24,1-19; Apk. 4,10 u.ö.).

Pseudotit erwartet von den erhöhten Patriarchen das eschatologische Gericht über die eigene Gemeinschaft, auch wenn die biblischen Patriarchen das ausgesprochene Gegenbeispiel zur Askese darstellen, da gerade die Segensverheißung an physische Reproduktion gebunden ist.

Für den hohen Rang der himmlsichen Patriarchen spricht aber dennoch ihre Tugend-Karriere (s.o. III).

Für die Asketinnen gilt: "So sollen sich die Kinder verhalten, daß sie einmal im Schoß des Vaters Abraham sich einfinden können"[28] – und somit den Platz Jakobs nach dem Jubiläenbuch einnehmen.

Diese Patriarchen-Interpretation zeugt von einer Theologie, bei der das Judentum große Achtung genießt und den Patriarchen sicherlich ein ähnlich hoher Rang gilt wie dem auferweckten Christus. Auch der Sabbat wird verehrt: "Das Heilighalten des Sabbat bedeutet, das menschliche Fleisch nicht zu beflecken"[29].

V.4.2 Der Pseudotitus als Paulusschüler

Auf die oben gestellte Frage, wie seine SchülerInnen die Missionspläne des Paulus in Spanien durchgeführt haben könnten, kann der Pseudotitus eine Antwort geben: er kennt zumindest Gal und 1. und 2. Kor und wahrscheinlich auch den Römerbrief. Allerdings begegnen sie in einer Form, wie sie die gnostische Paulusrezeption der ersten Jahrhunderte verstanden hat[30]. In diesem Zusammenhang muß die asketische Orientierung verstanden werden. Immer wieder spielt 1. Kor 7,34 eine große Rolle: "Die Unverheirateten denken Tag und Nach an gött-

---

27 Hennecke aaO. S.55.
28 aaO.
29 aaO. S.66.
30 Die asketische Betonung rührt aus der Verweigerungshaltung der Gnosis gegenüber der Welt und ihrer Gesellschaft. Wozu in einer verfallenden Welt noch Nachkommen zeugen?

liche Dinge"[31] und Gal 3,27 wird asketisch umgedeutet: "Es geht also nicht um die Schändung weltlichen Fleisches, sondern um die des Leibes Christi"[32].

Zudem fällt auf, daß die ausdrücklichen Zitate ausdrücklicher Paulusbriefe auf den Teil entfällt, der sich an die asketisch lebenden Frauengruppen richtet, die "Jungfrauen": so z.B. 1. Kor 2,9; 7,34; 2. Kor. 4,8ff.; 11,23ff.; 1. Kor 15,50.

Dabei wird der Name der Asketinnen direkt aus Paulus abgeleitet: "Diese, die sich Männern nicht hingegeben haben, nennt er Jungfrauen, wie der Apostel Christi sagt. "Die Unverheirateten denken Tag und Nacht an den Herrn" (1. Kor 7,34).

Pseudotit stellt demnach eine direkte Beziehung zwischen den spanischen Reform-Asketinnen und Paulus her, was darauf hinweist, daß diese sich paulinischem Gedankengut verdanken und so etwas wie eine spanische Frauenkirche – etwa nach dem Modell von 1. Korr 12 – dargestellt.

Doch mit den männlichen Asketen lebten sie offenbar zusammen, wenn auch zölibatär. Dies scheint dem Pseudotit zu eng zu sein: er lehnt es zumindest ab, daß es Übertragungen von Besitz von Männern an Frauen gibt: "O Gottesasketen, die sich nach Frauen umsehen, um ihnen Schenkungen zu leisten, Besitzungen zu geben, Häuser zu überlassen ..."[33]. An anderer Stelle kritisiert er das Lehrer-Schüler-Verhältnis zwischen Asketen beiderlei Geschlechts: "Warum nimmst du dir, o Mann, eine Frau zur "mascel"? "Man hat diesen Ausdruck mit "Dienerin" übersetzen wollen. Doch weiter unten definiert der Text selber, was er darunter versteht: "So nahm sich Elias ... einen Jungen zum "mascel", dem er auch seinen eigenen Mantel als heiliges Andenken hinterließ, als er von dem Feuerwagen in das Paradies emporgefahren wurde"[34]. Mascel = Elisa = Prophet und Schüler!

Inmitten anderer möglicher spanischer Gemeinden sehen wir hier eine sich auf Paulus gründende Protestbewegung mehrheitlich von Frauen, die asketisch leben und die Hebräische Bibel und das Neue Testament, aber auch andere, pseuepigraphe und apokryphe Schriften auslegen[35], daneben jüdische Hauptfeste einhalten und die Patriarchen als eschatologische Richter verstehen. Insofern spielen Paulus und Jakob bei ihnen eine Rolle.

Doch auch die Zebedaiden werden durch sie hervorgehoben.

---

31 aaO S.52.
32 s.o.
33 aaO. S.60.
34 aaO. S.59.
35 Santos Otero hat sie auf S.6f. seines Aufsatzes "Der apokryphe Titusbrief ..." zusammengestellt. Dies könnte bedeuten, daß die spanische Kirche jedenfalls zu jenem Zeitpunkt ihren NT-Kanon noch unabgeschlossen hielt; möglicherweise gilt dies jedoch eher für die Kreise um Priscillian.

V.5 Die Zebedaiden und das Gericht gegen die Feinde im Pseudotitusbrief

Wie bereits bemerkt, ruft Pseudotit das Gericht der Patriarchen über die Nicht-Enthaltsamen in der eigenen Gemeinschaft aus. Daneben aber rufen sie die Zebedaiden gegen die Verfolger ihrer Gemeinschaft auf den Plan.

Aus der Geschichte der Verfolgung der Priscillians und seiner AnhängerInnen wissen wir, daß sie eine Minderheit waren.

Diese Minderheit entdeckt Richter 21,10ff. – die Vernichtung von Jabesch-Gilead und die Rettung von 400 Jungfrauen – neu als Vorwegnahme von Mk 3,17: "Mit Recht wurde jene Stadt ... von den ... 12 Legionen besetzt, die ein Sinnbild für die 12 Apostel waren. Mit Recht sind sie einem starken Stamm entsprossen, *denn sie heißen Donnersöhne. Beim Jüngsten Gericht werden sie auftreten, mit Macht ausgestattet, um Wunder gegen die Heiden zu vollbringen ... Und keiner von der Kirche wird davonkommen, abgesehen von den gottgeweihten Jungfrauen ...*[36].

Die Verteidugng der Asketinnen sieht demnach vor, daß Mk 3,17 in Kombinaton mit Lk 9,54 seiner Negation von Rache entkleidet, Wirklichkeit wird: Feuer soll vom Himmel fallen und "die Kirche" vernichten – auch gegen Jesu Verbot in Lk 9,55, dies an einem samaritanischen Dorf zu tun, was sicherlich exemplarischen Charakter in puncto Gewaltanwendung durch JesusjüngerInnen hat.

Im Pseudotit sehen wir also das Projekt einer gewaltsamen Verteidigung einer verfolgten Minderheit durch die Donnersöhne, wobei Pstit ihren Namen auf alle Zwölf überträgt. (s.o.)

Wir begegnen damit der ältesten Erwähnung von Gewalt durch die Zebedaiden auf spanischem Boden. Dabei sind zwei Dinge besonders anzumerken: es handelt sich um eine verfolgte Minderheit – keine kirchliche Hierarchie –, die so denkt; und: die Vernichtung richtet sich *gegen die Kirche*, wer auch immer damit gemeint ist. Es geht nicht um die Gewalt gegen Nicht-Christen oder gar gegen verwandte oder heidnsiche Religionen. Pseudotit denkt an himmlische Rache durch die Donnersöhne in einem *innerkirchlichen Konflikt*.

Dennoch ist theologisch ein erster Schritt getan: das Verbot der Gewaltanwendung durch Jesus in Lk 9,55 wird durch dessen Verwandtschaft mit 2. Kö 1,10-12 aufgehoben. Elia *läßt Feuer vom Himmel auf die Boten des Königs herabfallen*, und genau dies erwartet Pseudotit nun auch von den Donnersöhnen *gegen Lk 9,55.*

---

36 aaO. S.62.

Jakobus (und Johannes) werden entgegen dem neutestamentlichen Befund zu Agenten der himmlischen Rache auf spanischen Boden, und dies ist genau die Rolle, in der sie tausend Jahre später von den spanischen Eroberern gegen die Indios eingesetzt werden (s. S.1).

Dies konnte allerdings nur geschehen, indem das Gedankengut des Pseudotit aus einem innerkirchlichen Konflikt auswanderte und zu einem Instrument der kirchlichen Machthaber wurde.

Dem soll im letzten Kapitel unserer Arbeit nachgegangen werden.

VI Abschließende Überlegungen: Der spanische Beitrag zu Mission und Völkermord durch Jakobus Zebedäus

VI.1 Antike

Wie wir gesehen haben, geschah die jüdische und christliche Mission im Osten und Westen gewaltlos. Die neutestamentliche Figur des Zebedaiden Jakobus wird in ihrer möglichen Herausforderung zur Sühne des Märtyrertodes oder ihrer Verdrängung der Frauen aus der Jerusalemer Leitung durch die Evangelisten sehr kritisch unter dem Aspekt des "Jünger-Versagens" interpretiert. Die mögliche Verbindung von göttlicher Rache und Jakobus (Lk 9,34f.) weist Jesus im Lk-Sondergut scharf zurück. (s. II.3)[1]

Auch die Mission der Juden im Namen Jakobs enthält als Hauptmerkmal den Segen und das Streben nach der Tugend (III und IV). Sie sind das, was jüdische Flüchtlinge zu verschiedenen Zeiten ihrem jeweiligen Exil zu geben hatten.[2]

Selbst die Vernichtung Sichems durch Levi als Rache an der Vergewaltigung Dinas (Gen 34) enthält in ihrer Originalfassung die Kritik Jakobs (Gen 34,30), die nur von wenigen Neufassungen in hellenistisch-jüdischer Zeit unterschlagen wird[3]. Allen Versionen ist eigen, daß es nicht um Angriff, sondern in der Recht-

---

1 so in die lebhaften Auseinandersetzungen zwischen Juden und Samaritanern eingreifend. Die Frage der Zebedaiden repräsentiert die militanten unter den jüdischen Feinden der Samaritaner; das Lk-Sondergut vertritt, so auch in 10,29ff., eine prosmaritanische Haltung, s. seinen Versuch, Jesus eine "samaritanische Reise" machen zu lassen. S. dazu Bultmann, "Die Geschichte der synoptischen Tradition", S.388f.
2 dazu S. Safrai, "Das jüdische Volk im Zeitalter des Zweiten Tempels", S.19ff., in dem betont wird, daß die Flucht vor und die Verschleppung von Juden durch die verschiedenen Eroberer zur Ausbreitung ihres Volkes und ihres Kultes lange vor der hellenistischen Ära geführt hat.
3 A. Standhartinger hat in ihrem Aufsatz "Um zu sehen die Töchter des Landes", in "Religious Porpaganda and Missionary Competition in the New Testament World", 1994, S.89ff. die von uns angeführten apokryphen und pseudepigraphen Beispiele noch erweitert, in denen Gen 34 in jüdisch-hellenistischer Zeit diskutiert wird. Die Kritik Jakobs in Gen 34 und den meisten Neufassungen wiegt doppelt schwer angesichts der Eroberung Samarias durch den Hasmonäer J. Hyrcanus 128 v. Chr. S. dazu H.G. Kippenberg, "Garizim und Synagoge", RVV 30, 1971, und R. Pummer, "Gen 34 In Jewish Writings of the Hellenistic and Roman Periods, "HThR 75, 1982, S.177-188, und ders., "Antisamaritanische Polemik in Schriften aus der intestamentarischen Zeit", BZ 1982, S.224-242.

fertigung des Levi um Verteidigung einer Untat geht und daß Gott rächt, nicht die Menschen[4].

Die paulinische Mission bringt ihrerseits den völligen Machtverzicht des Christus nach Osten und definiert im Römerbrief das Programm der Segensmission für den Westen (V.1) Jakob ist gleichzeitig Modell für die Selbstkritik Israels und die Segensverheißung für alle Welt.

An der Schwelle zum zweiten Jahrhundert bezeichnet der 1. Clem einen ersten Wechsel von der Machtlosigkeit des Gekreuzigten und seiner Kirche zu einem Gehorsams- und Machtanspruch im Namen eines heroischen Paulus, der als dauerhafter Amtsträger im Gegenüber zu den römischen Honoratioren so auch in Spanien aufgetreten sein soll (V.2).

Die Canones der Synode von Elvira im 4. Jahrhundert zeigen gerade in ihrer Betonung der Geradlinigkeit und Orthodoxie die Lage einer spanischen Kirche, die bereit ist, sich auf eine heidnische und jüdische Mitwelt einzulassen: "Im 40. Canon werden christliche Großgrundbesitzer vorausgesetzt, die es ihren Pächtern gestatten, den von ihnen für die Götter des Landbaus gemachten Aufwand bei der Pachtsumme in Abrechnung zu bringen, im 41. Canon solche, die ihren Sklaven ihre Götter lassen, im 49. solche, die ihre Felder von Juden segnen lassen"[5]. Diese Offenheit trägt der spanischen Kirche die harsche Kritik v. Harnacks ein ("daß es am Ende des 4. Jahdts. sehr schlimm in der spanischen Kirche stand") (aaO.). Doch ist ein positiveres Urteil möglich, gerade in Reaktion auf römische Hegemonialansprüche wie der 1. Clem sie eingeübt hat.

Auch und gerade der Pseudotit hat gezeigt, daß die Buntheit der spanischen Kirche sich auch im 5. Jahrhundert weiterentwickelt hat und in der priscillianischen Gegenbewegung mit ihren gnostisch und manichäisch mitinspirierten Frauen- und Männergenossenschaften eine vor allem auf paulinische Theologie gegründete Kirche zu etablieren versuchte. In ihr begegnen wir auf spanischem Boden sowohl einer Gerichtstheologie im Namen der Patriarchen incl. Jakobs als auch einer Drohung an die Orthodoxie im Namen der Donnersöhne. Der Begriff "Vernichtung" als Mittel der Zebedaiden, übertragen auf alle Apostel, begegnet

---

4 A. Standhartinger nennt auf S.112 als Problem der Auslegung von Gen 34, "wie die Vernichtung einer ganzen Stadt durch Simeon und Levi erklärt werden kann".
   In den jüdisch-hellenistischen Auslegungen von Gen 34 wird die Vernichtung unterschiedlich begründet: als Gottes Rache (Jos, Jub, Test Levi; Theodot) oder als menschliche Reaktion auf Dinas Schändung (Dem, PsPhilo, Philo, JosAs). Auf die spanische Theologie hat als katechetisches Volksbuch wahrscheinlich am meisten Theod gewirkt, da Euseb ihn als Teil der "Praeparation evangelica" zitiert, s.Standh. aaO., A 26.

5 A.v. Harnack, "Die Mission und Ausbreitung des Christentums" II, S.926, $. Aufl. Leipzig 1924.

hier zum ersten Mal am Ausgang der Antike, aber wohlbemerkt als letztes Mittel der Verteidigung einer verfolgten Minderheit (vergleichbar mit dem Gebrauch von Gen 34 durch das hellenistische Judentum). Es geht um einen innerkirchlichen Konflikt, keineswegs um einen Angriff auf Heiden oder Juden.

VI.2 Mittelalter: Der Konflikt zwischen Islam und Kirche in Spanien

Die Invasion des Islam ab 711 in Spanien kam nicht plötzlich oder gar unerwartet: zweihundert Jahre Auseinandersetzungen der Westgoten untereinander einerseits und die allmähliche Expansion der Araber anderseits machte sie für eine Partei der Westgoten zu attraktiven Bündnispartnern gegen die andere, sodaß die Anhänger des Heerführeres Witiza den arabischen Anführer Tariqum militärische Hilfe bat. Tariq landete in Spanien 711 in Gibr-al Tariq bzw. Tarifa und drang in die Provinz Cádiz zur ersten Schlacht gegen die Westgoten ein; danach besetzten sie fast mühelos das restliche westgotische Gebiet. Die spanische Kirche ihrerseits war bereit, gegen ein Geschäft – die Überlassung von 30 Krongütern – dem Islam ihr Gebiet zu geben[6]. Es setzte keineswegs sofort eine Rückeroberung (= Reconquista) seitens der spanischen Kirche ein, zumal der Islam nicht die Zwangskonversion betrieb, sondern den christlichen Glauben und seine Ausübung tolerierte, sich anderseits bemühte zu zeigen, daß sowohl Juden- als Christentum durch ihn überholt sei. Jakob wird im Koran als gemeinsamer Vorläufer zitiert[7]; neutestamentliche Heilige (St. Georg, St. Isidor, St. Michael ...) geachtet und islamisch beerbt[8]. 130 Jahre (ab 711) setzt sich die spanische Kirche ohne "Deus ex machina" mit dem Glaubensgegner auseinander. Die gegenseitige Bereicherung von Christentum, Islam und Judentum erstreckt sich bis zum radikalen Schnitt 1492 durch die "Katholischen Könige" in alle Gebiete der Wissenschaft hinein. Dennoch kommt es immer wieder zu örtlich begrenzten militärischen Versuchen der "Rückeroberung" islamischer Gebiete durch christliche Truppen, vor allem im Nordwesten. Seit der Schlacht von Clavijo im späten 9. Jahrhundert ist bekannt, daß mit dem Schlachtruf: "Santiago, cierra España" = "Santiago, schütze Spanien" gekämpft und der Wallfahrtsort Santiago

---

6 dazu L. Vones, "Geschichte der Iberischen Halbinsel im Mittelalter", Sigmaringen 1993, S.23ff.
7 Der Koran nennt Jakob zusammen mit den Erzvätern, so z.B. Sure 2,3,6,7,11,14,15, 19,21f.,26,37; Abraham und Joseph sind ihm jedoch wichtiger; dazu K. Janos, "Der Islam" IV, Ulm 1997, S.80-124.
8 so W. Hoenerbach, "Der Jakobsweg; Gratwanderung zwischen Mauren und Christen", Bensberger Protokolle 68, Bensberg 1993, S.46f., und C. Smith, "Christians and Moors in Spain", Vol. I,1, Warminster 1988; Dokument Nr. 15.

de Compostela mit den ihm zugehörigen Legenden von der Predigtreise und "Translatio" des Leichnams des Märtyrers Jakobus Zebedäus entsteht[9]. Wir wissen nicht, ob es inhaltliche Verbindungen zwischen dem Zebedaiden als "Matamoros" = Maurentöter, wie er ab diesem Zeitpunkt als übernatürliche Kampfgestalt gegen die Mauren in Spanien und in den Kreuzzügen eingesetzt wird, gibt, und dem Ruf nach den "Donnersöhnen" des Pstit als "Vernichter" im 5. Jahrhundert.

Die Heranbildung des Maurentöters scheint insgesamt eher eine künstliche Bildung zu sein, wofür auch das Pferd spricht, das ihm eigen, aber dem neutestamentlichen Vorbild gänzlich fremd ist[10]. Die "Historia Seminensis" aus 1064 bietet einen Einblick in die innere Diskussion um die kriegerische Funktion des Jakobus und legt in den Mund eines "Griechen" ("greculus") die Zweifel daran, daß er ein Soldat mit einem Pferd sei, und dies, obwohl zuvor der Zebedaide die Rückeroberung Coimbras angesagt habe. Der "Grieche" wird durch Jakobus in einer Vision und einem Wunder überzeugt:

"Tandem Fernando serenissimo regi celitus concessum triumfum hoc modo beatus apostolus Conpostelle innotuit: venerat a Ierosolymis peregrinus quidam greculus, ut credo, et spiritu et opibus pauper, qui in particu ecclesie beati Iacobi diu permanens, die noctuque vigiliis et orationibus instabat. Cumque nostra loquela iam paulisper vteretur, audit indigenas templum santum pro necessitatibus suis crebro intrantes, aures apostoli bonum militem nominando, interpellare. Ipse uero apud semetipsum, non solum equitem non fuisse, ymo etiam nec vsquam equum ascendisse asserens, supereminente nocte, clauditur dies tunc ex more, cum peregrinus in oratione pernoctaret, subito in extasi raptus ei apostolus Iacobus, velud quasdam claues in manu tenens, aparuit, eumque alacri vultu aloquens ait: 'Heri', inquid, 'pia vota precancium deridens, credebas me strenuissimum militem numquam fuisse.' Et hec dicens, allatus est magne stature splendidissimus equus ante fores eclesie, cuius niuea claritas totam apertis portis perlustrabat ecclesiam, quem apostolus ascendens, ostensis clauibus peregrino innotuit Coymnbriam ciuitatem Fernando regi in crastinum circa tertiam diel horam se daturum.

Interea, labentibus astris, cum die dominica sol primo clarum patefecerat orbem, grecus tanta visione atonitus omnes clericos et omnes ville primores in vnum conuocat, atque huius nominis et expeditionis ignarus, eis ordine rem pandendo, Fernandum regem hodie Coinbriam ingressum dicit. Qui denotato die legatos cum festinatone ad castra inuictissimi regis dirigunt, qui solerter iter agentes percipiant, utrum ex Deo hec visio procederet, ut ad laudem nominis ui ministri manifestari huic mundo debuisset. At legati, postquam maturantes in Coymbriam peruenerunt, ipso die, quem apostlus Iacobus Conpostelle significauerat, regem agressum hora tertia ciuitatem inuenerunt.

Siquidem, cum per aliquot temporis spatia Coynbrienses infra menia inclusos teneret, positis in giro arietibus, murum ciuitatis in parte fregerat. Quod uidentes barbari, legatos

---

9 Hoenerbach S.46.
10 Smith, I, Dok. Nr. 16.

cum supliciis ad regem miserunt, qui sibi liberisque vitam tantummodo postulantes, et urbem et omnem substantiam preter viaticum perparvum stipendium regi tradiderunt."

Seltsam bleibt der Respekt der spanischen Mauren dieser Gestalt gegenüber: als sie im 10. Jahrhundert den Pilgerort Santiago de Compostela zerstören, stellen sie das dort verehrte Apostelgrab unter ihren persönlichen Schutz[11], was man von der christlichen Behandlung entsprechender muslimischer Stätten nicht behaupten kann[12]. Legenden berichten von Heilungswundern des Zebedaiden an Muslimen, die in der "Historia Compostellana" erscheinen[13]. Je erfolgreicher die christliche Rückeroberung spanischer Gebiete aus den Händen der Moslems, desto gewaltsamer wurde der Patron Jakobus ausgestattet[14]; wie im Einführungskapitel angemerkt, haben ihm vor allem die "Katholischen Könige" Isabel und Ferdinand im ausgehenden 15. Jahrhundert eine Art "Endsieg"-Garantie verliehen, die mit Erfolg belohnt wurde: 1492 eroberten christliche Milizen die bevölkerungsreiche Stadt Granada als letzte Bastion des Islam zurück und erließen gleichzeitig Gesetze, welche die Freiheit von Muslimen und Juden von deren

---

11 Hoenerbach, aaO. S.48f.
12 Hoenerbach, aaO. S.49.
13 so "Historia Compostellana", in: "España Sagrada", XX, S.350-355. Die "Historia" datiert auf 1125 die wunderbare Heilung des muslimischen Botschafters von einem Furunkel am Hals. Jakobus Zeb. wird als "Bruder des Johannes Evangelist" vorgestellt, "beide Söhne des Zebedäus". Sein Leichnam liege in Galicien begraben, verehrt werde er "in allen christlichen Ländern, besonders in Spanien. Dies ist natürlich, da er ihr Patron und Beschützer ist. Er erlitt das Maryrium in Jerusalem und wurde überführt (translatio) nach Galicien". Auf Fürbitte einer Christin hin heilt er den Botschafter der Mauren.
C. Smith, aaO. I ergänzt um weitere Heilungswunder des Jakobus an Christen und Mauren, s. Dok 7,8,13,16,17,27. Die "Historia" ist zweifellos an einer Legitimation des mozarabischen Compostelas gegen die Mauren interessiert und bedient sich des demonstrativen Charakters von Heilungswundern. Doch ist von einem heilenden Jakobus für Christen und Mauren ein breiter Graben zu Jakobus dem Maurentöter, wie er immerhin seit drei Jahrhunderten in Spanien auch gebraucht wurde. Ist die "Historia" der Versuch, dagegen den Weg einer "friedlichen Koexistenz" statt Reconquista zu setzen?
14 Der Papst Calixtus (Smith Dok. 33) ruft 1140 zum Kreuzzug auf: "Corroborans et affirmans ut omnes qui aut in Yspania aut in Iherosolimitanis horis ad expugnandum (angreifen) gentem perifdam (die Mauren) eleuato signo dominice in humeris (Rücken) perrexerint, ex parte Die et sanctorum apostolorum Petri et Pauli et Iacobi ... ab omnibus peccatis absoluantur ... et in celestibus una cum sanctis martiribus ... coronari mereantur".
Die apostolische "Ahnenreihe" zielt auf deren Vergleichbarkeit als Märtyrer und Erhöhte, in deren Reihen die Kreuzritter aufgenommen werden.

Übertritt zum Christentum abhängig machten[15]. Inzwischen war der Zebedaide so eindeutig mit dem Sieg über den Islam verbunden, daß der amtierende Papst "in Prozession mit den Kardinälen vom Vatikan zur spanischen Kirche des Heiligen Jakobus gingen, um eine Dankmesse abzuhalten"[16].

VI.3 Neuzeit: Eroberung Amerikas und Völkermord an der Urbevölkerung

Als 1492 Kolumbus die Neue Welt für Spanien konfiszierte, eignete sich automatisch der "Maurentöter", um die von der amerikanischen Urbevölkerung bewohnten Gebiete samt ihren Reichtümern gewaltsam für Spanien (und Portugal) zu erobern. Dies wurde nur oberflächlich durch ein missionarisches Interesse verbrämt, neue Massen für den katholischen Glauben zu gewinnen, gewissermaßen als Entschädigung für die ab 1518 eingetretenen europäischen Verluste an den Protestantismus der Reformation. Obwohl viele Kirchenmänner dachten, was einer von ihnen ausdrückte:

> "Sicherlich hat sich herausgestellt, daß in unserer Zeit ... mit diesen Menschen Gott der Kirche zurückgeben wollte, was der Teufel ihr in England, Deutschland und Frankreich, in Asien und Palästina geraubt hatte"[17],

stand doch im Vordergrund die Eroberung von Grund und Boden und vor allem Edelmetallen, um die wirtschaftlichen Probleme Spaniens im Zuge der Kapitalakkumulation zu lösen[18], also von Gold und Silber in dem neuentdeckten Kontinent zu konkurrieren[19].

Der kriegerische "Donnersohn" Jakobus wurde zum Heiligen der Eroberer wie oben beschrieben (I). Er wurde als erfolgreicher Heiliger so populär, daß nicht allein diverse Hauptstädte in Lateinamerika heute seinen Namen tragen (Santiago de Cuba, Santiago de Chile ...), sondern daß sogar der Vorname "Santiago" verboten werden mußte, weil zu viele ihn tragen wollten[20]. Was in der

---

15 J. V. Vives, "Histora Económica de España, "Barcelona 1967, S.266f. die Juden sollten damit aus Spanien vertrieben werden, da sie in Spanien die kapitalkräftige Schicht bildeten, vgl. RGG, 3. Aufl., VI; Art "Spanien", 225f.
16 Pio de Monraganes, "Ideales misioneros de los Reyes Católicos", in: J. Rommerskirchen, "Missionswiss. Studien", Aachen 1951, S.209.
17 Fray Bernardo de Sahagún, "Historia general de las cosas de la Nueva España", I, Mexico 1929, XIX.
18 dazu Mires, aaO. S.12-17.
19 Die Fugger waren die Geldgeber aller größeren Unternehmungen Spaniens, so auch der Eroberung Amerika. Dazu Mires S.14ff.
20 Hoenerbach ... aaO.

neutestamentlichen Überlieferung über die "Boanerges"-Söhne des Zebedäus ein Rätsel blieb, nämlich die Bedeutung des Namens, legten die Spanier als den Blitz und Donner aus, mit dem sie im Namen des Zebedaiden die Indios überfielen, nachdem sie auf Lateinisch gefragt hatten, ob sie sich dem Papst und seinem Stellvertreter, dem spanischen König, unterwerfen wollten[21].

Der Völkermord, der im Namen des Zebedaiden Millionen der amerikanischen Urbevölkerung vernichtete, erfuhr in Lateinamerika nämlich eine ungeahnte Steigerung: die Erklärung der Indios zu Untermenschen[22], wobei ein Deutscher, der Peuße de Paw, bahnbrechend war. Er nannte den Indio "noch nicht einmal ein unreifes Tier oder ein kleines Kind, sondern ein degeneriertes Wesen. Die Natur in der westlichen Hemisphäre ist nicht eine unvollkommene, sondern eine verfallene, dekadente Natur"[23] 1524 schrieb ein spanischer Ordensmann, Fray Tomas Ortìz: "Die Menschen auf dem Festland Amerikas essen Menschenfleisch und geben sich stärker der Sodomie hin als irgendwelche anderen Menschen. Unter ihnen herrscht keine Gerechtigkeit ... Erzfeinde der Religion, Faulenzer, Diebe, Lügner ... nicht treu, sie haben keine Ordnung ... sie geben sich der Zauberei und dem Wahnsinn hin ... Nach dem zwölften Lebensjahr verwadneln sie sich in wilde Tiere ... Zusammenfassend sage ich, *daß Gott niemals solche Leute geschaffen hat ...*"[24].

Diese Etablierung von Vorurteilen und die Opposition aus den spanischen Reihen, vor allem durch Montesinos und Las Casas,[25] führte zu einem offiziellen Eingreifen von Papst Paul III im Jahr 1537. Er erklärte öffentlich, daß die Indios *doch* Menschen seien und deshalb evangelisiert und nicht vernichtet werden sollten. Doch bis dahin waren bereits Millionen unter dem Schlachtruf "Santiago, a ellos!" dahingemetzelt worden, wobei sich Pizarro an Brutalität besonders in Perú und Chile 1524-1532 hervortat, obwohl einige seiner Offiziere dies als "Gemetzel" kritisierten[26].

Auch bei der Entstehung und Verbreitung der Reformation durch Luthers Lehre von der Rechtfertigung des Gottlosen spielten die Ereignisse bei der Eroberung Amerikas keine Rolle. Daß der "Glaube an Christus Sünde, Tod und Hölle überwindet und dem Leben Gerechtigkeit und Seligkeit gibt", wie Luther 1522 in den "Vorreden zum Neuen Testament" bemerkt, hatte keinerlei Konsequenzen für die theologische und politische Beurteilung der Unterwerfung des

---

21 Jacobs, "Die Kirchengeschichte ..." S.36 und 45.
22 s. A. Gerbi, "La Disputa del Nuevo Mundo", Buenos Aires 1960, S.42.
23 aaO. S.44.
24 s.o.
25 dazu Mires, aaO. S.147ff.
26 P. Cieza de León, "Las Guerras Civiles del Perú", LXIII, in: D. Janik/W. Lustig, "Die spanische Eroberung Amerikas", S.68f.

amerikanischen Kontinents. Wie F. Mires in seinem Buch "Im Namen des Kreuzes", S.16 betont, waren die deutschen Söldner beim Zusammentreffen mit den Indios "noch irrationaler und wilder als grausame Tiger ... und viel gekonnter und gründlicher" (so Fray Antonio de Remesal, zitiert von Mires).

Auch Reiseberichte mit Illustrationen werden von Protestanten wie dem Calvinisten Theodor de Bry veröffentlicht, so bspw. die Sammlung "Reisen in das westliche Indien", Frankfurt 1590, reichlich versehen mit Kupferstichen über die massenhafte Ermordung von Indios in Mexico und Hispaniola (s. Anlage). Gerade die reformatorische Erkenntnis von der Bedeutung des Gekreuzigten und seiner Gewaltlosigkeit hätte zur Kritik jeglicher Gewalt im Namen Jesu oder der Apostel führen müssen. Dies wurde verhindert durch die Verquickung politischer Machtansprüche über den neuen Kontinent mit einer jahrtausendalten Auffassung von Jesus als "übermenschliche Persönlichkeit und gesellschaftlich effiziente Kraftgestalt" (D. Georgi, "Leben-Jesu-Forschung", TRE 20).

Entscheidend ist, daß der Zebedaide von den Eroberern bei der gewaltsamen *Landnahme* und der *militärischen Vernichtung* der Indios zu zweifelhaften Ehren in Lateinamerika gelangte, nicht aber bei der Evangelisation. Diese geschah im Namen des sanften Thomas, dem man aufgrund der "Thomasakten", die ihm "Indien" zugeteilt hatten[27], nachsagte, er sei nach Amerika gelangt (= "Las Indias") und habe dort schon in der Antike die Inkas bekehrt[28].

VI.4 Ergebnis

Wir konnten an ausgewählten Quellen beobachten, daß dem Zebedaiden Jakobus seine Gewalt weder aus dem Neuen Testament noch aus den Apokryphen, sondern im Zuge der gewaltsam werdenden spanischen Reconquista ab dem 9. Jahrhundert in Form von dafür besonders und künstlich geschaffenen Legenden zugewachsen ist. Dies wirkte sich besonders verhängnisvoll in der militärischen Eroberung und Vernichtung der Urbevölkerung Amerikas in seinem Namen aus.

Der Patriarch Jakob seinerseits hat die Jakobus-Tradition in der Antike bereichert, spielte aber in der Auseinandersetzung der Spanier mit den Mauren und in der Eroberung Lateinamerikas keine Rolle mehr.

Vor allem kann dies aus der Feindschaft der Machtpolitik gegen die friedliche *Utopie* der "Väter- (und Mütter-)geschichten" (von Rad) verstanden werden. Der Segen Jahwes an die Patriarchen, sich über alle Welt auszubreiten, hat

---

27 Neutest. Apokryphen, II (s.o. cp I).
28 H. D. Hüffer, "Santiago-Entwicklung und Tendenz des Jakobuskultes in Spanien und dem Röm. Deutschen Reich", München 1957.

mit kriegerischer Landnahme nur auf dem Papier zu tun, wie V. Fritz am Buch Josua gezeigt hat[29]. Im Gegenzug geschah die Humanisierung auf indianischem Boden (im heutigen Paraguay und Nordosten Argentiniens) durch die spanischen Jesuiten des 17. Jahrhunderts im Namen biblischer und neuzeitlicher Utopien wie die das "Sonnenstaats" als Jesuitenstaat als Weiterentwicklung der "Utopia" des Thomas Morus. Die Unterdrückung der friedlichen Utopien der Bibel hat die Mission stets zu einem gefährlichen Instrument der Unmenschlichkeit werden lassen[30]. Dem widersetzt sich die Jakobus- und Jakobsüberlieferung der biblischen Schriften und der Alten Kirche.

Um zu verstehen, wieso dennoch im Namen des Zebedaiden Jakobus Gewalt und Völkermord betrieben worden ist, sei noch einmal an die Perikope Lk 9, 51ff. erinnert. Wir haben oben (II,2.5f.) gezeigt, dass Jesus das Jüngeransinnen, wie Elia 2. Kö 1,10ff. mit "Feuer vom Himmel" eine ungehorsame Stadt zu zerstören, zurückweist. Der textkritische Apparat bezeugt zu Lk 9,54-56 die Diskussion um die Gewalt Jesu als "neuer Elia" in den ersten Jahrhunderten: die Versuchung, mithilfe der Elia-Überlieferung Angriffsbereitschaft zu signalisieren ($πῦρ\ καταβῆναι\ ...\ καί\ αναλῶσαι$) (nach ACDW ... und Marcion) gegen den Text nach P 45.75 u.a.; und die klare Ablehnung von Gewalt im Namen Jesu als "Elia redivivus", s.v. a. auch die Ergänzung zu 55f.: "Und er sprach: Ihr wißt nicht, welches Geistes ihr seid; der Menschensohn ist nicht gekommen, Leben zu vernichten, sondern zu retten" (s. Apparat). Wohlbemerkt: der Konflikt, auf den Lk 9,51ff. anspielt, ist einer zwischen verwandten Völkern (Juden und Samaritanern), bei dem es um die bessere Auslegung gemeinsamer Tradition ging.

Die Zebedaiden, die in V. 54 die Frage nach der Vernichtung mit "Feuer vom Himmel" stellen, werden in ihrer Absicht deutlich abgelehnt. Daß spanische Eroberer später gegenüber Mauren und Indios den Zebedaiden Jakobus beim Angriff auf Nichtchristen beschwören, zeigt, daß die Theologie der Gewalt sich gegen die Antwort Jesu in Lk 9,55 behauptete.

Dabei hat die Auffassung Jesu und der Apostel als "göttliche Menschen" eine Rolle gespielt. In seinem Artikel zur Leben-Jesu-Forschung (TRE 20) hat D. Georgi gezeigt, daß es nicht nur bereits "in der Urkirche die Tendenz gab, das Auftreten Jesu als Demonstration des Außerordentlichen darzustellen" (S.566).

---

29 V. Firtz, "Das Buch Josua" HAT, Tübingen 1994.
30 Der "Sonnenstaat" entwickelte sich aus dem Werk "Utopia" des Th. Morus als ein Modell für den "Jesuitenstaat" der "reducciones" in Paraguay/Argentinien. Obwohl als despotische Herrschaft durch die Jesuiten geführt, bot dieses Modell gleichzeitig einen realen Schutz der Indios gegenüber wirtschaftlicher und militärischer Gewalt der Spanier im 18. Jahrhundert. Dazu F. Mires, "Die Kolonisierung der Seelen", S.191ff.

Diese Tendenz hielt sich in Mittelalter und Neuzeit durch als Modell für die Heranbildung von Führungsgestalten, besonders prägend in der Figur des "Principe" (Macchiavelli), in dem die Durchsetzung von politischen Führungsansprüchen mit gewaltsamen Mitteln durch außerordentliche – "göttliche" – Menschen beschrieben ist. Die Parallelität von Macchiavellis Wirken (der "..." Principe wurde 1512 veröffentlicht) mit der Eroberung Amerikas und der Reformation ist nicht zu übersehen.

Jene Christologie des "außerordentlichen Kraftmenschen", die vor allem in den Wundergeschichten der jüdisch-christlichen Schriften begegnet – von den Evangelisten jedoch von der Passion Jesu kritisiert wird – war es, die die meisten Apostellegenden geprägt und so auch die Überlieferung der Zebedaiden (spätere Beispiele finden sich dafür in der Legenda Aurea, s.o. cp. 2).

Im Gegensatz zur neutestamentlichen Überlieferung über die Zebedäussöhne, verbreitete sich ein Jesus- und Apostelbild nicht nur, aber auch in Spanien, das diese Männer als übernatürliche Kraftmenschen auswies, erhaben über Leiden und Tod. Dadurch konnten sie zur Legitimation menschlicher Führungsansprüche herangezogen werden. Das Elisa-Motiv aus Lk 9, 51ff. vom "Feuer aus dem Himmel" wurde aus dem Gewalt verbietenden Kontext herausgelöst und dem "Donnersohn" Jakobus unterlegt. So eignete er sich als Angriffs-Heiliger in der Reconquista gegen die Mauren im spanischen 8. Jahrhundert mit dem Ruf: "Jakobus – und auf sie drauf" = "Santiago, y a ellos" (vgl. cp 1); so wurde er durch die Spanier bei ihrem Völkermord an den amerikanischen Indios benutzt.

Die Aufgabe der Kirche unserer Zeit besteht nicht allein in einer politischen Selbstkritik. Sie muß sich fragen, ob die theologische Auffassung des Christus als "außerordentlicher Kraftgestalt" nicht nach wie vor gefährlich ihre Wirkung zeigt, so v.a. in der seit den fünfziger Jahren des 20. Jahrhunderts neu entstandenen "new quest" und dem Interesse an dem sog. "Historischen Jesus". Der gewaltlos Gekreuzigte ist im Leib einer gewaltlosen Gemeinde auferweckt und wirksam. Wer ihn zur Legitimation individualistischer Führungsansprüche heranzieht, wird sich entscheiden müssen, entweder ohne ihn weiterhin den eigenen Aufstieg einschließlich möglicher Gewalt zu betreiben, oder aber mit einer korporativ sich definierenden Christologie ohne Gewalt die Ziele aller Geschöpfe zu verfolgen.

Insofern ist die nachträgliche Ent-Legitimierung des Völkermords im Namen kriegerisch mißdeuteter Apostel ein Thema der Irenik, denn sie beschäftigt sich ja mit der kategorialen Revolutionierung auf allen anthropologischen Ebenen, weg von der direkten, aber auch ideologischen Gewalt der Geschöpfe über- und aneinander, hin zu einer solidarischen Grundorientierung alles Geschaffenen.

Was Wolfgang Philip mit der "De-Metaphysizierung" gemeint hat, das sogenannte "protestantische Prinzip" ("Methodik der Evangelischen Theologie aus

Irenischer Sicht", S.86), haben wir oben als Kritik an der im "göttlichen Menschen" inspirierten Christologie gefordert, die sich heute theologisch im Interesse am "Historischen Jesus" als Heilsgestalt kundtut.

Denn darin steckt der gleiche alte Führungs- und Machtanspruch jener leistungsorientierten Einzelgestalten, die als "Donnersöhne" theologisch und politisch eine Blutspur des Völkermords hinterlassen haben.

Abbildungsnachweis

Abbildung S.5:
Der Apostel Jakobus / Santiago als Indiotöter in: Delgado, Mariano, "Gott in Lateinamerika", S.91, aus: Poma de Ayala, "Nueva Crónica y buen gobierno", Crónicas de América II, 29 a-c, Madrid 1987.

Kupferstiche S.90 und 91:
in: Arbeitsheft Weltmission, 1992, S.22ff. p.

Karte S.92:
Die jüdische Diaspora im Imperium Romanum, in: Sasson, Ben, "Geschichte des Jüdischen Volkes", I, S.449, Karte vom Autor.

Karte S.93:
Orient und Okzident während der phönizischen Seeherrschaft, in: Herrmann, Albert, "Die Erdkarte der Urbibel", Braunschweig 1931, Tafel 1, vom Autor.

Karte S.94:
Trade Routes and Commerce of the Roman Empire, in: Charlesworth, James, "Trade Routes of the Roman Empire", Chicago 1974, ohne Seitenangabe, Karte vom Autor.

Pedro de Alvarado läßt Indianer in Mexiko überfallen und umbringen und ihnen die goldenen Armbänder abnehmen (Kupferstich von de Bry).

Hispaniola: Indianer können die Tyrannei nicht länger ertragen und begehen Selbstmord (Kupferstich von de Bry).

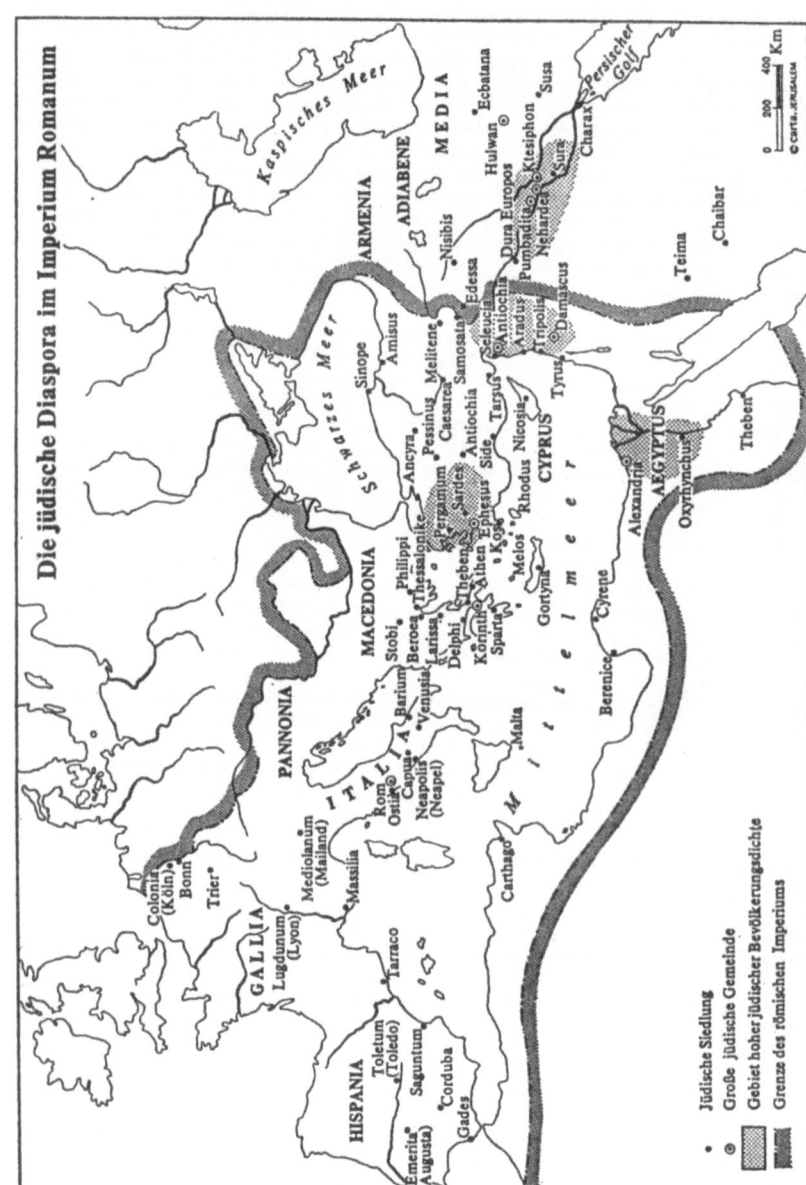

Karte: Die jüdische Diaspora im Imperium Romanum

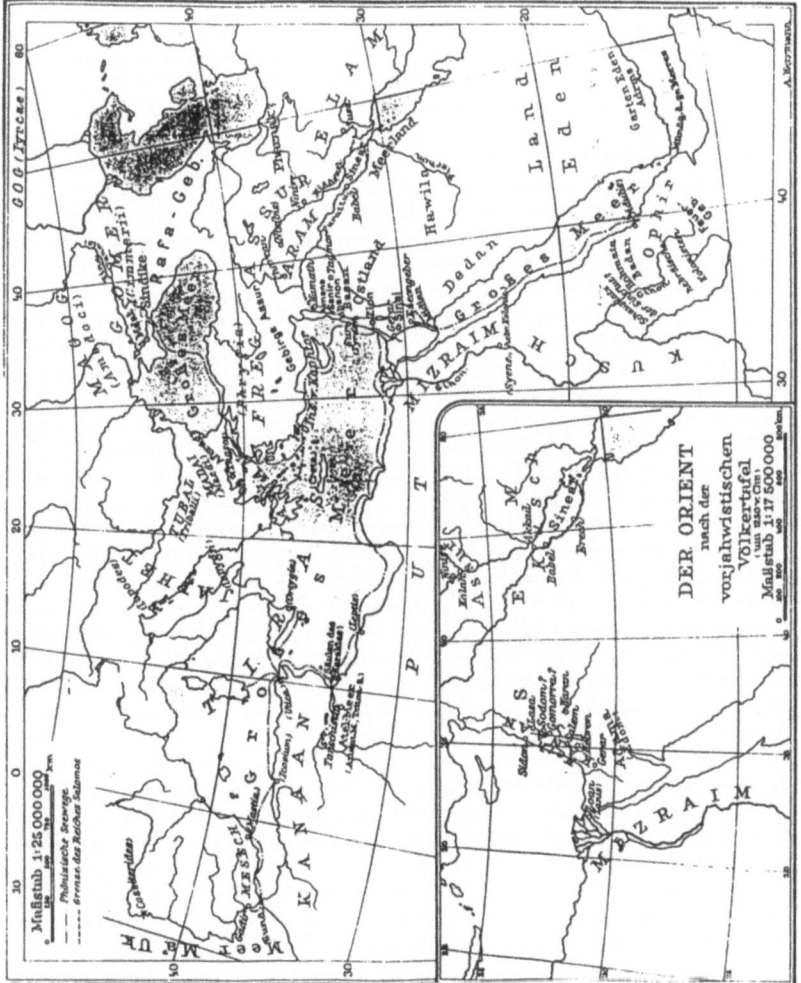

Orient u. Okzident während der Phönizischen Seeherrschaft

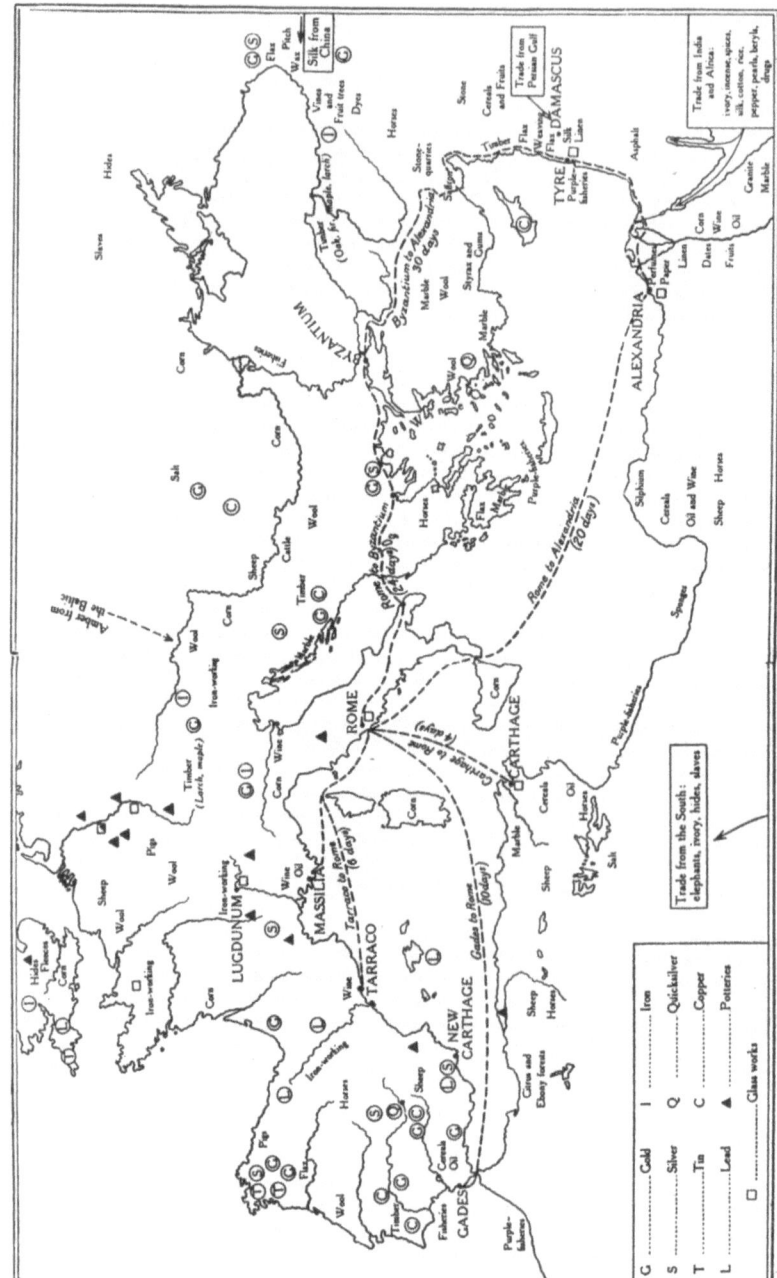

Trade Routes and Commerce of the Roman Empire

Literaturverzeichnis

Textausgaben

Biblia Hebraica Stuttgartensis, ed. Rudolph Kittel, Stuttgart 1954.
Kautzsch, Emil: Die Apokryphen und Pseudepigraphen I und II, Darmstadt 1962.
Novum Testamentum Graece, Eberhard Nestle, Kurt et Barbara Atland, Stuttgart 26. Aufl. 1991.
Riessler, Paul: Altjüdisches Schrifttum außerhalb der Bibel, Freiburg 1928 (6. Aufl. 1988).
Robinson, James: The Nag Hammadi Library in English, Leiden 1977.
Septuaginta: et. Alfred Rahlfs, Stuttgart, 7. Aufl., 1962.
Schneemelcher, Wilhelm: Neutestamentliche Apokryphen, I und II, Tübingen 1989, 5. Aufl.

Weitere Literatur- und Quellenangaben

Allebrand, Raimund: "Der Jakobsweg", Geist und Geschichte einer Pilgerschaft, Bensberger Protokolle, Band 68, Bensberg 1993.
Apokalypse des Jakobus, NT-Aprokryphen I, 313ff.
Apocalypse of Zephaniah, Charlesworth, Bd. I, S.497, übersetzt von O.S. Wintermute.
Balz, Horst: Art βοανηεργής Exegetisches Wörterbuch zum Neuen Testament, hrsg. Horst Balz und Gerhard Schneider, Stuttgart 1980.
Bauer, Walter: Griechisch-Deutsches Wörterbuch zu den Schriften des Neuen Testaments und der frühchristlichen Literatur, Berlin 6. Aufl. 1988.
Beinart, Chaim: "Hispania Judaica", History, Barcelona 1980.
Berger, Klaus: "Das Buch der Jubiläen" II, Jüdische Schriften aus hellenistischer und römischer Zeit, Gütersloh 1981.
Best, Ernest: "The Role of the Disciples in Mark" NTS 23, 1976, 377ff.
Betz Otto: "Donnersöhne, Menschenfischer und der davidische Messias" RdQ 3, 1961, 41ff.
Bitterli, Urs: "Die Entdeckung und Eroberung der Welt, Bd. 1: Afrika und Amerika" München 1981.

Blanke, Friedrich: "Missionsprobleme des Mittelalters und der Neuzeit" Stuttgart 1966.

Blass, Friedrich/Debrunner, Albert/Rehkopf, Friedrich: Grammatik des neutestamentlichen Griechisch, Göttingen 1979.

Bultmann, Rudolph: "Die Geschichte der synoptischen Tradition" Göttingen, 6. Aufl. 1964.

Campenhausen, Hans v.: "Kirchliches Amt und Geistliche Vollmacht in den ersten drei Jahrhunderten" BhTh 14, 1963.

Castro, Adolfo de: "The History of the Jews in Spain" Cádiz 1847.

Caraman, Philip: "Ein verlorenes Paradies" Die jesuitenstaaten in Paraguay, München 1979.

Charlesworth, James: The Old Testament Pseudepigrapha, I und II, New York 1985 (abk. Charleswoth).

Charlesworth, James: "Trade Routes and Commerce of the Roman Empire", Chicago 1974.

Cicero: Briefe, erkl. Eduard Schmidt, Leipzig 1901.

Columbus, Christoph: "Schiffstagebuch" Leipzig 1980.

Cortés, Hernán: "Die Eroberung Mexikos" Frankfurt/Main 1979.

Crüsemann, Frank: "Exegese zu Gen 22" in: Gottesdienstpraxis, III. Reihe Bd. IV, Gütersloh 1992, S.75ff.

Delgado, Mariano: "Gott in Lateinamerika" Düsseldorf 1991.

Demetrius: in: Nikolaus Walter, "Fragmente jüdisch-hellenistischer Exegeten", JSHRZ, III, 2, Gütersloh 1975, S.250ff.

Dewey, Arthur: Εἰς τὴν Σπανίαν, "The Future and Paul", in: "Religious Propaganda and Missionary Competition in New Testament World", FS für Dieter Georgi, hrs. Lukas Bormann, Kelly Del Tredici, Angela Standhartinger, Leiden 1994.

Dibelius, Martin: "Der Brief des Jakobus" KEK, Göttingen 1964.

Diccionario de Historia Eclesiática de España: hrs. Quintín Vaquero u.a., Madrid 1973.

Dittenberger, Wilhelm: Sylloge Inscriptionum Graecarum, Leipzig 1915.

Dussel, Enrique: "Hipótesis para una Historia de la Iglesia en America Latina" Barcelona 1967.

Dussel, Enrique: "Die Geschichte der Kirche in Lateinamerika" Mainz 1988.

Eichrodt, Walther: "Der Prophet Hesekiel" Göttingen 1966.

Encyclopaedia Judaica: hrs. Yitzhak Riskin, Jerusalem 1966ff.

Engels, Odilo: "Reconquista und Landesherrschaft" Studien zur Verfassungs- und Rechtsgeschichte Spaniens, Paderborn 1989.

Eusebius: Kirchengeschichte, hrsg. Heinrich Kraft, Darmstadt 1967.

Eusebius: Praeparatio Evangelica, hrsg. Karl Mras, "Die griechischen christlichen Schriftsteller der ersten Jahrhunderte" Berlin 1954-1956.
Evangelisches Missionswerk in Deutschland: "Unentdecktes Amerika" Dokumente, Quellen, Berichte, Hamburg 1992.
Evangelisches Missionswerk in Deutschland: Arbeitsheft Weltmission, Hamburg 1992.
Evangelium der Maria Magdalena: NT-Apokr. I, 315ff.
Flavius, Josephus: "Jüdische Altertümer", übers. Heinrich Clemenz, Köln, 2. Aufl. 1959.
Flavius, Josephus: "Der jüdische Krieg", Zweisprachige Ausgabe hg. Otto Michel und Otto Bauernfeind, Darmstadt 1959-1969.
Flavii, Josephi Opera: hg. Benedictus Niese, Berlin 1955.
Foerster, Wilhelm: βροντή THWB I, 638f.
Frankemölle, Hubert: "Der Jakobusbrief", ÖTK17,1/2 Freiburg 1994.
Fritz, Volkmar: "Das Buch Josua" HAT I, 7, Tübingen 1994.
Galeano, Eduardo: "Die offenen Adern Lateinamerikas", Wuppertal 1991.
Gams, Pius: "Die Kirchengeschichte von Spanien" I, Graz 1956.
Georgi, Dieter: "Das Wesen der Weisheit nach der Weisheit Salomos", in: Jacob Taubes "Gnosis und Politik", II, München 1984, S.66ff.
Georgi, Dieter: "Der Armen zu gedenken", Neukirchen 1994.
Georgi, Dieter: "The Opponents of Paul in 2nd. Corinthians", Philadelphia, Pensylvania 1986.
Georgi, Dieter: "Gott auf den Kopf stellen", in: Jacob Taubes, "Theokratie", München u.a. 1987, S.148ff.
Georgi, Dieter: Art. "Leben-Jesu-Forschung", TRE 20, S.506ff.
Gerbi, Antonio: "Disputa del Nuevo Mundo", Buenos Aires 1960.
Gesenius, Wilhelm: Hebräisches und Aramäisches Handwörterbuch, Berlin u.a. 1957.
Goodenough, Erwin: "Jewish Symbols in the Greco-Roman Period", New York 1953-68.
Grant, Michael: "Mittelmeerkulturen in der Antike", München 1974.
Grant, Michael: "The Jews in the Roman World", London 1973.
Halperin, Don: "The Ancient Synagoges of the Iberian Peninsula", Gainsville 1969.
Harnack, Adolph von: "Die Mission und Ausbreitung des Christentums in den ersten drei Jahrhunderten", Leipzig 1924.
Herbers, Karl: "Der Jakobuskult des 12. Jahrhunderts und der Liber Sancti Jacobi", Wiesbaden 1984.
Herbers, Karl: "Bibliographie Jacobus", Compostellanum XVI, 1971, 595ff.
Herrmann, Albert: "Die Erdkarte der Urbibel", Braunschweig 1931.

Hoenerbach, Wilhelm: "Der Jakobsweg", in: Bensberger Protokolle 68 (s.o. Nr. 1)

Hoelscher, Gustav: "Drei Erdkarten", Heidelberg 1949.

Hüffer, Hermann: "Sant-Jago", Entwicklung und Tendenz des Jakobskultes in Spanien und dem Römisch Deutschen Reich, München 1957.

Jacobs, Max: "Die Kirchengeschichte Amerikas spanischer Zunge", in: "Die Kirche in ihrer Geschichte", Bd. 4.

Janik, Dirk/Lustig, Wolf: "Die spanische Eroberung Lateinamerikas", Frankfurt/ Main, 1989.

Janos, Karl: "Der Islam", IV, Ulm, 1997.

"Jakobus": Lexikon des Mittelalters, V, 253f., München 1991.

Kaesemann, Ernst: "An die Römer", HNT 8a, Tübingen 1980.

Kaiser, Otto: "Der Prophet Jesaja", ATD 18, Göttingen 1973.

Kippenberg, Hans Gerhard: "Garizim und Synagoge", RVV 30, Berlin 1971.

Kittel, Gerhard: Theologisches Wörterbuch zum Neuen Testament, Berlin 1933ff.

Konetzke, Robert: "Süd- und Mittelamerika I". Die Indianerkulturen Altamerikas und die spanisch-portugiesische Kolonialherrschaft", Frankfurt/Main 1965.

Krauss: "Synagogale Altertümer", Berlin 1922.

Ladder of Jacob: Charlesworth, Bd. II, S.410ff., übers. H.G. Lunt.

Larsson, Göran: "Jakob", TRE 16, 466-468.

Las Casas, Bartolomé: "Kurzgefasster Bericht von der Verwüstung der westindischen Länder", hrsg. Hans M. Enzensberger, Frankfurt/M. 1981.

Legenda Aurea (Jacobus von Voragine): 4. Aufl. Heidelberg 1963.

Lexikon Dritte Welt: hg. Dieter Nohlen, Hamburg 1991.

Lexikon der Alten Welt: hg. Carl Andresen, Zürich 1995.

Lexikon für Theologie und Kirche: begr. Michael Berenberger, Freiburg 1937ff.

Lietzmann, Hans: "Geschichte der Alten Kirche", I-IV, Berlin 1961.

Lietzmann, Hans: "Petrus und Paulus in Rom", Berlin 1927.

Lindo, Elias: "The History of the Jews in Spain and Portugal", London 1848.

Lipsius, Richard: "Die apokryphen Apostelgeschichten und Apostellegenden", Amsterdam 1976.

Lona, Horacio: "Der 1. Clemensbrief", Göttingen 1998.

López, Ferreiro: "Historia VII", in: Diccionario Eclesiástico de Espana, a.a.o.

Luz, Ulrich: "Das Evangelium nach Matthäus", EKK 1,1ff., Neukirchen 1990ff.

Macchiavelli, Nicolo: "Der Fürst", Stuttgart 1986.

Meyer, Arnold: "Das Rätsel des Jakobusbriefes", BhZNW 10, Gießen 1930.

Mires, Fernando: "Im Namen des Kreuzes", Fribourg u.a. 1989.

Mires, Fernando: "Die Kolonisierung der Seelen", a.a.O. 1991.

Moraganes, Pio: "Ideales Misioneros des los Reyes Católicos", in: Rommerskirchen, J., "Missionswissenschaftliche Studien", Aachen 1951, S.209ff.
Motes, Malaquer de: "Tartessos", Barcelona 1990.
Oberweis, Martin: "Das Martyrium der Zebedaiden", NTS I, Jan. 1998, S.74ff.
Odeberg, Hugo: βάπτω THWB III, 191f.
Oepke, Albrecht: Ἰακώβ THWB I, 527ff.
Pauly-Wissowa: Realencyclopädie der classischen Altertumswissenschaften, hrsg. Georg Wissowa, 1894ff.
Pauly, der Kleine: hrsg. Konrat Ziegler und Walter Sontheimer, München 1979ff.
Philo von Alexandria: Works-Opera, Griechisch-Englisch, hrsg. F.H. Colson und G.H. Whitaker, London u.a. 1929-1962.
Philo: Die Werke in deutscher Übersetzung, hrg. Leopold Cohn, Isaak Heinemann, Maximilian Adler und Willy Theiler, Berlin 2. Aufl. 1962.
Philostratus: "Das Leben des Apollonius von Tyana", hrs. Vroni Mumprecht, München, Zürich 1983.
Pseudo-Philo: Antiquitates Biblicae, JSHRZ II/2, Gütersloh 1975.
Plötz, Robert: "Der Apostel Jakobus in Spanien bis zum 9. Jahrhundert", SFGG; HAKGS 30, 1982.
Plötz, Robert: "Europäische Wege der Santiago-Pilgerfahrt", Tübingen 1993.
Prayer of Jacob: Charlesworth Bd. II, S.715ff., übers. J. Charlesworth.
Prien, Hans-Jürgen: "Die Geschichte des Christentums in Lateinamerika", Göttingen 1978.
Rad, Gerhard von: "Theologie des Alten Testaments", 2 Bde, München 1962.
Rad, Gerhard von: "Das Opfer des Abraham", München 1971.
Rad, Gerhard von: "Das Erste Buch Mose", ATD, 7. Aufl. Göttingen 1964.
Reichert, Eckhard: "Die Canones des Synode von Elvira", Diss., Hamburg 1990.
Rommerskirchen, Johannes: "Missionswissenschaftliche Studien" Aachen 1951.
Safrai, Samuel: "Jewish People in the First Century", Philadelphia 1974.
Safrai, Samuel: "Das jüdische Volk im Zeitalter des Zweiten Tempels", Neukirchen 1978.
Sahagún, Bernardo de: "Historia General de las Cosas de Indias", Mexico 1929, XIX.
Salmonte, Francisco/Sánchez Saus, Rafael: "Historia de Cádiz, Cádiz 190.
Santos, Otero: "Der Pseudo-Titus-Brief", NT-Apokr. II, S.50ff.
Santos, Otero: "Der apokryphe Titusbrief", ZKG 74, 1963, S.1ff.
Sasson, Ben: "Geschichte des Jüdischen Volkes" I-III, München 1978.
Schmahl, Günther: "Die Zwölf im Markusevangelium", Trier 1974.
Schnelle, Ulrich: "Einleitung in das Neue Testament", UTB 1830, Göttingen 1996.

Schulten, Alexander: "Tartessos", Hamburg 1950.
Schürer, Emil: "Die Geschichte des jüdischen Volkes im Zeitalter Jesu Christi", I-III, Leipzig, 4. Aufl. 1902.
Smith, Colin: "Christians and Moors in Spain", I-III, Warminster 1992.
Standhartinger, Angela: "Um zu sehen die Töchter des Landes", in: "Religious Propaganda and Missionary Competition in the New Testament World", FS Dieter Georgi, hrsg. L. Bormann u.a.m., Leiden 1994.
Stauffer: ἀγῶν, THWB I, 134ff.
Strabo: Geograpica, Griechisch-Englisch, hrsg. Horace L. Jones, London u.a. 1917-1932.
Strack, Peter: "500 Jahre Bevormundung", Stuttgart 1991.
Teitelbaum, Volodia: "El amanecer del capitalismo y la conquista de América, Santiago de Chile 1943.
Testament of Moses: Charlesworth Bd. I, S. 919ff., übers. J. Priest.
Testament of Jacob: Charlesworth Bd. I, S.903ff., übers. W.F. Stinespring.
Theologische Realenzyklopidie: hrsg. Gerhard Krause, Berlin 1977.
Vives, Jose: "Historia Económica de España", Barcelona 1967.
Vones, Ludwig: "Geschichte der Iberischen Halbinsel im Mittelalter", Sigmaringen 1993.
Westermann, Claus: "Das Buch Jesaja 40-66", ATD, Göttingen 1966.
Westermann, Claus: "Genesis", Neukirchen 1989, 5 Bde, Bibl. Kommentar.
Winkelmann, Friedrich: "Priscillian", RGG, 3. Aufl. V, 588ff.
Zimmerli, Walter: "Hesekiel", ATD, Neukirchen 1969.
Zobel, Hans-Jürgen, "Jakob", TRE 461ff.

INSTITUT FÜR WISSENSCHAFTLICHE IRENIK

an der

Johann Wolfgang Goethe-Universität Frankfurt am Main

ZUM PROGRAMM UND ZUR METHODIK DER WISSENSCHAFTLICHEN IRENIK

(Ex: A. H. SWINNE, Von der Oekumenik zur Irenik, Hildesheim, 2. Aufl. 1977, S. 29 - 42, STUDIA IRENICA, Bd. VII)

Das Institut für Wissenschaftliche Irenik wurde durch Beschluß des Großen Rates der Universität Frankfurt/Main und ministerieller Verfügung im Jahre 1966 begründet. Unter dem Wort von den "Verfertigern des Friedens" (Mth 5,9) nimmt es eine bedeutende geistes- und theologiegeschichtliche Tradition auf, die sich von den Friedensbriefen der Märtyrer von Lyon über die Irenischen Collegien und Publikationen des Humanismus und des Barock bis hin zu den irenischen Bestrebungen des großen europäischen Enlightenment erstreckt.

Während die ökumenischen Bemühungen der Moderne sich der unifikativen zwischenkirchlichen Diakonie widmen, wendet sich die Irenik dem Problem der Überwindung jenes mysterium iniquitatis in der Mitte des Menschen als Menschen zu, aus dem die konfessionelle Zersetzung und der konfessionelle Haß im weitesten Sinne der Begriffe entspringen.

Die Rationalisierung und Objektivierung der Motive und Gesetze, nach denen nicht nur die Konfessionen der Christenheit, sondern auch Weltreligionen, Philosopheme, Ideologien, Politsysteme zum Kampf gegeneinander antreten, ist eine Aufgabe, der in der Gegenwart eine zunehmend hohe Dringlichkeitsstufe zukommt.

Die Wissenschaftliche Irenik nimmt diese Aufgabe mit den Mitteln der Strukturanalyse, Ideologiekritik, Vorurteilsforschung und Anthropologie der Gegenwart wahr. Sie verwendet die historische, systematische und phänomenologische Methode in Integration. Die Erhellung des Weges der Irenik durch die Jahrhunderte, eines Weges der Nachfolge und des Nachfolgeleidens, wie die wissenschaftliche Information über ungenügende bekannte Sektoren aus dem denominationellen Spektrum der Christenheit, gehören zum fundierenden Arbeitsbereich.

Die strukturanalytisch und ideologiekritischen Verfahren des Instituts dienen im Felde der christlich-konfessionellen Kämpfe und schultheologischen Aggressionen der Eingrenzung und Definition der außertheologischen Faktoren. Unter irenischer transkategorialer Distanz ermöglichen sie geistesgeschichtlich allgemein die Diagnose der fließenden Kombinationen und Segregationen der kategorialen Geschiebe, die auf immer neuen historischen Ebenen und unter unaufhörlich wechselnden phänomenologischen Aspekten in Aktion treten. Sie erweisen die todbringende Virulenz und geistige Inferiorität der fanatisierten mentalen Mechanik und eröffnen spezifische Wege zur Überwindung der ideologischen Entwirklichung.

Frankfurt/M., 1968　　　　　　　　　　　　　　　　Wolfgang Philipp
　　　　　　　　　　　　　　　　　　　　　　　　Lic. theol. Dr. phil. habil.
　　　　　　　　　　　　　　　　　　　　　　　　o. ö. Prof.

STRUKTURANALYTISCHE GRUNDTAFEL

Zweidimensionale Projektion der interkategorialen Bezüge
des menschlichen Mentalhirns

Gültigkeit der Stellenwerte unabhängig vom Problem der Semantik

Diagnostisches Organon zur Dekuvrierung von Systemen,
Ideologien, Typologien und zur Gewinnung
transkategorialer Wirklichkeitsperspektiven

STRUKTURANALYTISCHE GRUNDTAFEL

STRUKTUREN	II Akt	I Selbst	III Sein
	Selbst Akt Sein	Relation Qualität Mit-sein	Negation Intensität Da-sein	Limitation Quantität So-sein

Selbst	Negation Relation Limitation	Ewigkeit Ethos Zeit	Gegenwärtigkeit Existenz Punktualität	Unendlichkeit Ästhetik Raum
Akt	Intensität Qualität Quantität	Kontinuität Zufälligkeit Vielheit	Kausalität Möglichkeit Einheit	Dependenz Notwendigkeit Allheit
Sein	Da-sein Mit-sein So-sein	Aktuosität Aktiv Akzidenz	Subsistenz Medium Eigentlichkeit	Inhärenz Passiv Substanz
Negation	Gegenwärtigkeit Ewigkeit Unendlichkeit	Krisis Futur. Eschat. Lineare U.	Ekstatik Präs. Eschat. Zentrierende U.	Epiphanie Jenseits-Esch. Diffundier.U
Relation	Existenz Ethos Ästhetik	Engagement Formal-Ethik Formalismus	Behauptung Existential-E. Expressionismus	Entwurf Material-Ethik Sensualismus
Limitation	Punktualität Zeit Raum	Zeitliche P. Zukunft Breite	Mathemat. P. Gegenwart Höhe	Räumliche P. Vergangenheit Tiefe
Intensität	Kausalität Kontinuität Dependenz	Final-Kausal. Geschichtl. K. Synergist. D.	Spontan-Kausal. Anthropol. K Totalitäre D.	Effekt-Kausal. Natur-Kontin. Infusionist. D.
Qualität	Möglichkeit Zufälligkeit Notwendigkeit	Erkenntnisth. M. Das Nichtbeabsicht. Formal. Gesetz	Logische M. Das Nichtwesentl. Existentielles G.	Ontolog. Mögl. Das Nichtnotw. Material. Gesetz
Quantität	Einheit Vielheit Allheit	Egalismus Pluralismus Theopanismus	Autismus Monadismus Identismus	Kollektivismus Emanatismus Pantheismus
Da-sein	Subsistenz Aktuosität Inhärenz	Dialekt. S. Koexistenz Geschichte	Mystische S. Kontingenz Humanum	Gnoseolog. S. Konkretisation Natur
Mit-sein	Medium Aktiv Passiv	DU-DU Aktion Resistenz	ICH Potenz Renitenz	ES Funktion Obödienz
So-sein	Eigentlichkeit Akzidenz Substanz	Personalität Welle Energie	Identität Sprung Masse	Objektivität Strahlung Materie

Institut f. Wiss. Irenik Frankfurt/M.

THESEN ZUR WISSENSCHAFTLICHEN IRENIK

Wissenschaftliche Irenik

1.) ist überkirchliche theologische Wissenschaft historisch-systematischen, aber auch phänomenologischen Charakters;
2.) ist einerseits eine theologische Disziplin und wie Sozialethik und Ökumenik in die Reihe der theologischen Disziplinen einzuordnen;
3.) ist andererseits weniger eine geschlossene Disziplin im gewohnten Sinne als vielmehr eine Funktion der gesamten theologischen (und auch nichttheologischen) Wissenschaft;
4.) ist eine eigene Disziplin, sofern sie Unterlagen zu gerechten Beurteilung sowohl historischer als auch gegenwärtiger Sachverhalte und Personen auf dem Spezialgebiet wissenschaftlicher und praktischer Einheit bzw. Spaltung in Theologie und Kirche erarbeitet (Sie nimmt dabei - primär Werkzeug und nicht Selbstzweck - die Rolle eines Gutachters wahr.);
5.) ist prüfend und organisierend auf die Ergebnisse der verschiedenen übrigen Disziplinen gewiesen (auch nichttheologische Wissenschaften: etwa der Anthropologie, Soziologie, Philosophie, Medizin, sowie der gesamten Naturwissenschaften);
6.) ist aber auch selbst forschende Wissenschaft auf dem Gebiet theoretischer und praktischer Zwietracht bzw. Einheit im gesamten Bereich wissenschaftlichen Denkens und von solchem Denken bestimmten Handelns (dabei gilt - analog zur sozialphilosophischen Vorurteilsforschung - ihr Interesse besonders der pseudowissenschaftlichen, d. h. ideologischen Begründung menschlichen Handelns.);
7.) ist im engeren Sinne Motiv- und Kriterienforschung auf dem Spezialgebiet der theologischen und kirchlichen Spaltungen und Vereinigungen (nach Theorie und Praxis derselben. Hieraus ergibt sich die Abgrenzung gegenüber der Ökumenik);
8.) prüft kritisch ablehnende und militante wie ausdrücklich versöhnliche Haltungen in Historie, Dogmatik und Symbolik, mit Hauptaugenmerk auf der Ketzergeschichte, der Kontrovers-Dogmatik und der polemisch-militanten Symbolik;
9.) ist in ihren Vollzügen nicht dadurch in Frage gestellt, daß Meinungen und Haltungen, die sie erforscht, primär polemisch ausgerichtet und auf tatsächliche ökumenische Zusammenarbeit nicht ansprechbar sind oder waren;
10.) ist auch und gerade in solchen Fällen darauf aus, Befangenheit zu überwinden, Werte zu entdecken und Urteile zu relativieren, statt zu verurteilen (dabei werden aller-

dings militante Maßnahmen mit friedlichen verglichen und insofern u. U. auch Urteile gefällt);

11.) ist nicht identisch mit theoretischer oder praktischer Toleranz; obwohl in Forschung und Lehre auf tolerantes Verhalten gewiesen, sieht sie dennoch gerade auch in der radikalen Toleranzidee nichts anderes als einen menschlichen Versuch, einem menschlichen Grundübel beizukommen, den sie zu kritisieren und zu relativieren hat;

12.) ist als besondere wissenschaftliche Haltung Funktion des christlichen Glaubens und christlicher Theologie; u. U. in bewußter Ausrichtung gegen einseitige Ansprüche zeitbedingter Ausformungen in Theologie und Kirche;

13.) ist insofern nichts anderes als Theologie im Vollsinn des Wortes in der Freiheit zur Kritik und Selbstkritik, zu der Theologie gerufen ist: Sie bringt nicht von vornherein den Frieden, sie will vor falschem Frieden bewahren, wie vor falscher Einschätzung des Streites.

14.) ist die theologisch-wissenschaftliche Konsequenz aus der Überzeugung, daß Zwietracht und Spaltung auf den Selbstbehauptungs- bzw. Erlösungsversuchen des Menschen beruhen und daß es Mittel und Wege gibt, die in der Natur des Menschen verankerten Bedingungen dieser Versuche zu erhellen, verständlich zu machen und einander widerstrebende Positionen in ihrem Wahrheitsanspruch zu relativieren, um Raum für gegenseitiges Verstehen zu schaffen.

Mitteilung aus der
Arbeitsgemeinschaft für Irenik
Sommersemester 1967

METHODIK DER IRENISCHEN WISSENSCHAFTLICHEN ARBEIT

Inklusiv-Methodik (Verwendung aller im betreffenden Falle sinnvollen Wege zur Erhellung. Keine Trennung von geistes-, naturwissenschaftlichen, soziologischen oder anderen Methoden). Ablehnung einer pseudowissenschaftlichen Exklusiv-Methodik (Verbot bestimmter Fragestellungen im Interesse eines unbewußt oder bewußt erwünschten, scheinwissenschaftlichen Resultats).

I. Phänomenologische Irenik
   Was ist objektiv erscheinungskundlich da? "Zu den Sachen selbst!" Lebensräumliches Milieu (Biotope; soziolog. Sachfragen). Phänomenologische Methode.

II. Historische Irenik
   Wo kommen die Phänomene her? Verständnis aus dem Strom der Geistes-Ideen-Philosophie-Religions-Theologiegeschichte. Geschichtliches Milieu (Feld der Traditionen- soziologische Geschichtsfaktoren). Historische Methode.

III. Systematische Irenik
   Wo sind die Phänomene unterzubringen und einzuordnen? Analyse der kategorialen und artstrukturellen Motive. Rückführung auf überzeitliche und überräumliche anthropologische Faktoren ("Außertheologische Motive"). Systematische Methode.

   a) Die Irenische Bedeutung von Kategorien und Strukturen. Kategorientafel als Instrument der Differentialanalyse. Strukturen des:
   Personalismus   (Historismus)
   Identismus   (Mystizismus)
   Objektivismus   (Ontologismus)
   Verwurzelung in anthropologischen und religionsgeschichtlichen Tiefen

   b) Die Irenische (bzw. polemische) Funktion der menschlichen Kategorien und Strukturen
   Die Entstehung des konfessionellen Hasses und der konfessionellen Zerspaltung durch Isolierung und Absolutsetzung von Kategorien und Strukturen (in ihrer Eigenschaft als Instrumente bzw. Interpretamente der christlichen Verkündigung).

c) Irenische Diagnose
Welche Kategorien und Strukturen traten bei der betreffenden Ekklēsia tou Theou (bei der betreffenden Persönlichkeit) auf - z. B. futurische Eschatologie (II), Verbalinspiriertheit (II), Führerkult (I), religiöser Sozialismus (II, Nationalismus (II), Limitation (II).
I: Selbst; II: Akt; III: Sein; In der Strukturalanalytischen Grundtafel, s.S. 33

d) Einende Kräfte and Ausstrahlungen
Welche Kategorien, Strukturen und Phänomene begründen Spaltungen im Innern? (Resultate) Welche fördern Gegnerschaft und Ablehnung nach außen? (Resultate)

VI. Angewandte Irenik
a) Irenische Ersuchen an die Oekumene
Welches irenische Verständnis sollte die Oekumene gegenüber der betreffenden Ekklēsia aufbringen?
b) Irenische Ersuchen an die Oekumene betreffende Ekklēsia
Welche Irenische Leistung sollte die Oekumene von der betreffenden Ekklēsia erhoffen können?

Mitteilung aus der Arbeitsgemeinschaft
für Wissenschaftliche Irenik
Sommersemester 1967

STUDIA IRENICA
DOCUMENTA IRENICA

Die Auseinandersetzungen der Gegenwart zwischen Ost und West, zwischen den Industrienationen und den Ländern der Dritten Welt oder in den einzelnen Staaten selbst sind nur vordergründig macht- und wirtschaftspolitischer Art. Auch wenn es um die Neuverteilung der wirtschaftlichen Ressourcen in der Welt, um eine Neuverteilung des Vermögens innerhalb einer Volkswirtschaft oder um eine Neuordnung des innerbetrieblichen Entscheidungsprozesses (Mitbestimmung, Partizipation) geht, letztlich handelt es sich hierbei um ähnlich strukturierte Erscheinungsformen, wie sie auch im Bereich der konfessionellen Auseinandersetzung der christlichen Kirchen untereinander oder beim Aufeinanderprallen der Weltreligionen auftreten. Unter Verwendung von strukturanalytischen und ideologiekritischen Verfahren werden Themen aus dem religions- und theologiegeschichtlichen und -systematischen Bereich aufgearbeitet. Darüber hinaus eröffnen die Monographien der STUDIA IRENICA den Dialog mit anderen Disziplinen, vor allem aus religionspädagogischer, sozioökonomischer und anthropologischer Sicht. Die STUDIA IRENICA werden durch die seit 1981 erscheinenden DOCUMENTA IRENICA (Quellen, Texte und sonstige Dokumente zur Irenik) ergänzt.

Neuß am Rhein, 1975   Axel Hilmar Swinne

Seit 1985 (ab Band XXVII) erscheint die Schriftenreihe im Verlag Peter Lang, Frankfurt/M., Bern, New York.
Die DOCUMENTA IRENICA werden nicht mehr als eigene Reihe geführt, sondern sind in den STUDIA IRENICA aufgegangen.
Zugleich konnte Herr Prof. Dr. Edmund Weber, Universität Frankfurt, Direktor des Instituts für Wissenschaftliche Irenik, als Mitherausgeber gewonnen werden.

                                                                    Axel Hilmar Swinne

DOCUMENTA IRENICA

BAND I

AMYRAUT, MOISE. IRENICUM sive De ratione pacis in religionis negotio inter Evangelicos constituendae consilium. Nachdruck der Ausgabe EIPHNIKON 1652. Herausgegeben von Axel Hilmar Swinne. 1981 VIII, (14), 403, (7) S., kart.
ISBN 3-8067-0906-0   EUR 33,23

Das 17. Jhdt. des calvinistischen Frankreichs findet seinen Höhepunkt in der Ausformung der Irenik durch die Schule von Saumur, deren führender Vertreter Amyraut ist. Aus den Aporien der Prädestinationslehrer entsteht in neuer Besinnung auf die Reformatoren ein neues System der Heilsgeschichte durch Einbeziehung der Lehre von drei Bündnissen (Förderaltheologie), was zur Grundformel der unionistischen Bemühungen der Saumurer wurde. Amyraut beteiligte sich aktiv an den Verhandlungen für eine Wiedervereinigung der Kirchen - mit dem Ziel einer Akkommodation der Konfessionen unter dem Aspekt der Philanthropia Gottes. Mit der großartigen Konzeption seiner Irenik wird Amyraut auch zu einem Vorläufer der modernen Ökumenik. Schließlich stellt die Irenik Amyrauts ein wichtiges Bindeglied zwischen Reformation und Humanismus zur religionsphilosophischen Aufklärung und zu den heilsgeschichtlich-biblizistischen Spekulationen des Pietismus dar.

BAND II

PHILIPP, WOLFGANG. Die Absolutheit des Christentums und die Summe der Anthropologie. Grundlegung der Wiss. Irenik. Hildesheim 1982. 432 S. + IX S. (Register)
ISBN 3-8067-0913-0   EUR 26,14

Philipp zieht in einer ganzheitlichen Schau mittels der Strukturanalyse die Summe all der Anthropologie, die sich seit Anfang der Kultur bis zu unserer Gegenwart angehäuft hat, und stellt ihr den Absolutheitsanspruch des Christentums gegenüber. Damit schrieb Phillip eine neue christliche Apologetik, aber nicht als theologisches System, sondern als "Antwortwissenschaft" auf die Fragen der Welt. Er stellt vor allem den aus dem "Gesetz der zersetzenden Metaphysik" sich ergebenden "Strukturzwang", der zu einseitiger Kategorisierung führt, an allen nur erdenklichen Bereichen des Lebens (Religionsgeschichte, Literaturgeschichte, Staatslehren, politische Theorien u. a.) dar, um schließlich den "transkategorialen" biblischen Glauben als einzige und letzte Wahrheit zu erhöhen. Dieses Buch gilt zwischenzeitlich als Standardwerk der von ihm begründeten Wissenschaftlichen Irenik.

PELLEGRINO, MICHELE. Camminare Insieme. Den Weg gemeinsam gehen. Ein katholischer Hirtenbrief und eine evangelische Antwort. Einführung, Übersetzung und Stellungnahmen von Dieter Stoodt und Edmund Weber. 1982. 91 S., kart.
ISBN 3-8067-0914-9   EUR 8,18

Kardinal Pellegrino gehört zu den bedeutendsten Kirchenpolitikern der Gegenwart, ist Mitglied des Kardinalkollegiums und war bis 1977 Erzbischof von Turin. Als international angesehener Patristiker sowie durch seine antifaschistische Vergangenheit und sein soziales Engagement ist er in der italienischen Bevölkerung eine bekannte und beliebte Persönlichkeit. Der Hirtenbrief Camminare Insieme aus dem Jahre 1971 ist ein hervorragendes Beispiel zu dem Dialog zwischen der konziliarisch-römischen Kirche und der Arbeiterschaft der heutigen Industriegesellschaft.

STUDIA IRENICA

BAND I

SWINNE, AXEL HILMAR. John Cameron, Philosoph und Theologe (1579-1625) Bibliographisch-kritische Analyse der Hand- und Druckschriften sowie der Cameron-Literatur. 2. Auflage. Hildesheim 1972. X, 367 S., Portr. u. 53 Faks., kart.
ISBN 3-8067-0201-2   EUR 12,27

Cameron, geistiger Vater der Hugenotten-Universität in Saumur, prägte fast ein Jahrhundert die reformierte Theologie Frankreichs durch einen humanistischen Calvinismus, der von seinen Schülern, den Cameroniten, weiterentwickelt und als Schule von Saumur unter Amyraldismus und hypothetischen Universalismus bekannt wurde. Auf kirchenpolitischem Gebiet strebten die Cameronisten eine Verständigung und Annäherung der reformierten und katholischen Kirche an. Mit seiner Neuen Methode wurden Cameron zum Wegbereiter reformierter Irenik in Frankreich und England (Novi Methodistae).

BAND II

WEBER, EDMUND. Johann Arndts vier Bücher vom Wahren Christentum als Beitrag zur protestantischen Irenik des 17. Jahrhunderts. Eine quellenkritische Untersuchung. 3. Auflage. Hildesheim 1978. IV, 255 S., kart.
ISBN 3-8067-0202-0   EUR 9,20

Mit diesem interkonfessionellen Erbauungsbuch, das auch in der katholischen, anglikanischen und reformierten Kirche gelesen wurde, trug Arndt dazu bei, die Selbstabgrenzung der christlichen Konfessionen untereinander zu durchbrechen und schuf eine ökumenische Frömmigkeit, an der alle christlichen Gruppen partizipieren können. Weber entwickelt grundlegend die Arndtsche Irenik und ihre einzigartige Wirkung auf die lutherische Orthodoxie und den Pietismus.

BAND III

REICH, JUTTA. Amerikanischer Fundamentalismus. Geschichte und Erscheinung der Bewegung um Carl McIntire. 2. Auflage. Hildesheim 1972. 328 S., kart.
ISBN 3-8067-0203-9   EUR 12,27

Dieses Buch deckt die Verbindung zwischen theologischem Fundamentalismus und Amerikanismus in seiner unangenehmen Form, extremen Individualismus, Anti-Ökumenismus und Kapitalismus schonungslos auf, liefert wertvolle Aufschlüsse über die nationalen und internationalen Bemühungen der militanten Fundamentalisten auf den Gebieten der Theologie der anti-ökumenischen Zusammenschlüsse (ACCC und ICCC), der Propagierung ihrer Ideen und der Einflußnahme auf die Öffentlicheit. Reich bringt damit einen irenischen Beitrag zum Dialog zwischen den Fronten.

BAND IV

MUELLER, KONRAD F. Die Frühgeschichte der Siebenten-Tags-Adventisten bis zur Gemeindegründung 1863 und ihre Bedeutung für die moderne Irenik. 3. verb. Aufl. 1991. 207 S., kart.
ISBN 3-928068-30-X   EUR 10,74

Mueller zeigt die Anfänge der S.T.A. historisch und phänomenologisch, wobei der Irenik - das Bemühen um eine friedliche, interkonfessionelle Auseinandersetzung mit dem Ziel der Aussöhnung, das in der Millerbewegung eine vorrangige Rolle spielte - besondere Aufmerksamkeit geschenkt wird. Für die Zeit der Vorgeschichte der S.T.A. und ihrer Entstehung bis hin zur Konsolidierung als Denomination liefert dieses Buch eine gründliche, mit Originalquellen stark durchsetzte und vorurteilsfreie Darstellung.

BAND V

BENDER, GOTTFRIED. Die Irenik Martin Bucers in ihren Anfängen (1523 - 1528). 1976. VIII, 270 S., kart.
ISBN 3-8067-0205-5   EUR 19,43

Bucers irenisches Denken und Handeln wurde durch den Gedanken der grundsätzlichen Einheit, der Autoritätskritik und des Religionsgespräches bestimmt und hat damit entschieden auf das Reformationszeitalter gewirkt. Diesen Beitrag Bucers, auch prägend für die spätere reformierte Irenik, hat Bender umfassend dargestellt, zugleich den Einfluß des erasmischen Friedensgedankens auf Bucers Irenik einbezogen.

BAND VI

VON DER OEKUMENIK ZUR IRENIK. In Memoriam Wolfgang Philipp, des Begründers der Wissenschaftlichen Irenik, hrsg. von Axel Swinne. 2. verb. und erw. Auflage 1977. VI, 161 S., kart.
ISBN 3-8067-0206-3   EUR 7,67

Dieser Band bringt neben Beiträgen Philipps zur Irenik auch einige programmatische Mitteilungen aus dem Institut für wissenschaftliche Irenik an der Universität Frankfurt, dann die Gedenkreden für Wolfgang Philipp (Sternberg, Surkau, H. Seesemann, Rammelmeyer, E. Weber, Swinne, K. Dienst) sowie die erste vollständige Bio-Bibliogra-phie Wolfgang Philipps.

BAND VII

SWINNE, AXEL HILMAR. Französische Irenik im 17. Jahrhundert und M. Amyraut: "Apologeticus ad Jac. Irmingerium", **1674.** Textkritische Ausgabe des unveröffentlichten Manuskriptes. Hildesheim 1978. 130 S., kart.
ISBN 3-8067-0207-1   EUR 9,71

Die Schule von Saumur wurde zum Zentrum der Französischen Irenik. Vor allem J. Cameron und M. Amyraut gelangten durch die antiaristotelisch-humanistische Philosophie des P. Ramus zu einem philanthropischen Calvinismus und formten die reformierte Foederaltheologie durch Umwandlung der orthodoxen Dekratenlehre in eine Lehre der Offenbarungsstufen der Heilsgeschichte um. Diese zwischen Universalismus und Partikularismus vermittelnde Prädestinationslehre wirkte mit ihrem irenischen Ansatz vor allem auf Richard Baxter in England und William Penn in Amerika. Der hier zum ersten Mal veröffentlichte "Apologeticus" stellt in seiner Dichte und Klarheit die Kerngedanken des Amyraldismus gegenüber der schweizer-reformierten Orthodoxie dar.

BAND VIII

RAE, THOMAS H.H. John Dury. Reformer of Education. 2. Auflage. Hildesheim 1972. XI, 466., kart.
ISBN 3-8067-0208-X   EUR 15,34

Die außerordentlichen Bemühungen Durys für eine Union der christlichen Kirchen Europas (außer der römischen) haben ihn zu einem überragenden Ireniker seiner Zeit gemacht. Diese Einigungsbestrebungen überlagerten bislang völlig Durys Beitrag zur Reform des englischen Erziehungswesens. Dury, geprägt von der Französischen Irenik, versuchte - ähnlich einem anderen großen Ireniker seiner Zeit, A. Comenius - eine neue Didaktik zu konzepieren, die bei Rae als erstem eine umfassende Würdigung fand.

BAND IX

WOLF, DIETER. Die Irenik des Hugo Grotius nach ihren Prinzipien und biographisch-geistesgeschichtlichen Perspektiven. 2. Auflage. Hildesheim 1972. 180 S., kart.
ISBN 3-8067-0209-8   EUR 8,19

Grotius hat neben seinem Wirken als Rechtsgelehrter sich u. a. für die Irenik in besonderer Weise in Theorie und Praxis engagiert: Entwicklung seiner irenischen Konzeption als Teil des christlich-humanistischen Weges zur Verwirklichung die pax ecclesiastica auf nationaler, gesamtprotestantischer und universalchristlicher Ebene. In Paris förderte er als schwedischer Gesandter die Wiedervereinigung der Kirchen. D. Wolf dekuvriert Ansatz und Strukturen des irenischen Denkens des Hugo Grotius.

BAND X

SWINNE, AXEL HILMAR. Bibliographie Irenica 1500 - 1970. Internationale Bibliographie zur Friedenswissenschaft: Kirchliche und politische Einigungs- und Friedensbestrebungen, Oekumene und Völkerverständigung. Hildesheim 1977. XXVI, 391 S. mit 35 Faksimiles, kart.
ISBN 3-8067-0210-1   EUR 15,34

Eine umfassende Bibliographie der irenischen Literatur fehlte bislang. Sie soll zugleich als Grundlage zur Aufarbeitung der Geschichte der Irenik von ihren Anfängen bis zur Gegenwart dienen.

BAND XI

ROCH, HOLM-DIETER. Naive Frömmigkeit der Gegenwart - Eine kritische Untersuchung der Schriften Werner Heukelbachs. 2. Auflage. Hildesheim 1972. 230 S., kart.
ISBN 3-8067-0211-X   EUR 9,20

Werner Heukelbach wurde in den letzten Jahren vor seinem Tode (1969) als Evangelist der Erweckungs-Verkündigung weit über die Grenzen der Bundesrepublik hinaus bekannt. Roch unternimmt die Aufgabe, diesen Typ gegenwärtiger Frömmigkeit kritisch zu untersuchen und hieraus praktisch-theologische Konsequenzen zu ziehen.

BAND XII

EBERT, MANFRED. Jakob I. von England (1603 - 25) als Kirchenpolitiker und Theologe. Hildesheim 1972. IV, 340 S., kart.
ISBN 3-8067-0212-8   EUR 24,54

Jakob I. gehört zu den profiliertesten Königen der Neuzeit, indem er sich zugleich als Theologe in Wissenschaft und Praxis engagierte. Die "irenischen" Bemühungen Jakobs erweisen sich als Transponierung seiner innerbritischen Uniformitätspolitik auf die Ebene der zwischenkirchlichen Beziehungen. Die römischen Katholiken, die Puritaner und Presbyterianer sollten auf die via media zurückkehren und die Deckungsgleichheit von Kirche und Staat in dem einen corpus christianum wiederherstellen.

BAND XIII

GRUNEWALD, HEIDEMARIE. Die Religionsphilosophie des Nikolaus Cusanus und die Konzeption einer Religionsphilosophie bei Giordano Bruno. 2. verb. Auflage 1977. 255 S., kart.
ISBN 3-8067-0213-6   EUR 10,23

Während Cusanus sich nicht nur kirchenpolitisch, sondern auch theologisch mit der Vereinigung des Christentums und den Fremdreligionen befaßt, wobei das Christentum unangetastete Grundlage der Diskussion bleibt, so steht Bruno ein Jahrhundert später einer gespaltenen Kirche gegenüber, die gerade dadurch fraglich geworden ist und von ihm in ihrem Absolutheitsanspruch nicht mehr bestätigt, sondern angegriffen wird. Grunewald entwickelt und beleuchtet die religionsphilosophischen Prinzipien, die hier bestimmend wirken.

BAND XIV

BRINKMANN, GÜNTHER. Die Irenik des David Pareus. Frieden und Einheit in ihrer Relevanz zur Wahrheitsfrage. Hildesheim 1972. 199 S., kart.
ISBN 3-8067-0214-4   EUR 20,45

Pareus ist unter die großen Ireniker zu zählen und hat die Pfälzische Irenik entschieden geprägt. Die Grundkonzeption der Pareischen Irenik gilt für die Gegenwart unverändert: Keine letzte Relativierung von Wahrheit, weg von einer unifikativen Einheit zu einer "Einheit in der Wahrheit", die das mysterium iniquitatis, das Mysterium konfessionalistischer Bosheit in der Mitte des Menschen überwinden will.

BAND XV

SCHÜSSLER, ROLAND. Pädagogische Denkstrukturen und christliche Schulerziehung. Hildesheim 1973. 515S., kart.
ISBN 3-8067-0215-2   EUR 29,66

Nach einem Rekurs auf die ältere religionspädagogische Literatur aktualisiert Schüßler die Problematik christlicher Schulerziehung auf dem Hintergrund gegenwärtiger Schulreformen. Die Möglichkeit christlicher Schulerziehung wird von ev. Religionspädagogen nicht allein aus sachlichen Gründen wie etwa der Logik des Glaubens bestritten, sondern auch aufgrund ihrer Mentalität und der Strukturen ihres Denkens. Schüßler erörtert schießlich schulorganisatorische Maßnahmen durch sozialintegrative Interaktionsmodelle, wobei Erziehungsziele zur Stabilisierung wie zur Emanzipation des einzelnen beitragen können.

BAND XVI

HOFFMANN, RÜDIGER. Religiöse Jugendliteratur. Eine Analyse des Weltbildes kirchlicher Verteilblätter. Hildesheim 1975. XIV, 243 S., kart.
ISBN 3-8067-0216-0   EUR 14,32

Die von Hoffmann vorgelegte Analyse der christlich-religiösen Verteilblätter beleuchtet einen bislang völlig unterschätzten Bereich der Gemeindewirklichkeit und gibt einen sehr guten Überblick über die Vielfalt dieser "Subkultur". Gleichzeitig wird auf den theologischen und sozioanthropogischen Gehalt dieser Literatur abgestellt.

BAND XVII

KRIEGSTEIN, MATTHIAS VON. Paul Tillichs Methode der Korrelation und Symbolbegriff. Hildesheim 1975, VII, 197 S., kart.
ISBN 3-8067-0217-9   EUR 12,27

Kriegstein beginnt die Fragestellung über die negativen Auswirkungen bei der Vermittlung religiöser Inhalte, wie Diskrepanz zwischen Theologie und Gemeindewirklichkeit und dem Defizit an handlungsorientierendem Wissen. Die Konsequenzen für die theologische Arbeit treffen die Theologie als Wissenschaft und als symbolbezogene Wissenschaft.

BAND XVIII

LEHMANN, RAINER. Analytische und kritische Theologie. Hildesheim 1975. VII, 346 S., kart.
ISBN 3-8067-0218-7 EUR 19,43

Die theologische Theoriebildung entweder durch den analytischen oder durch den kritischen Bezugsrahmen zu normieren, hat für Lehmann ein unbefriedigendes Ergebnis. Lehmann versucht, vorläufige Orientierungshilfen für die konkrete theologische Theorieausbildung zu formulieren.

BAND XIX

SWINNE, AXEL HILMAR (Hrsg.). Zur Irenik und Anthropologie. Mit Beiträgen von Wolfgang Philipp, Erika Spalke, Roland Schüßler. 1980. 249 S., kart.
ISBN 3-8067-0219-5 EUR 16,36

In diesem Sammelband erscheinen u. a. : W. Philipp, Die Verfertigung des Friedens - eine mit vielen Beispielen angereicherte Darstellung des Programms der wissenschaftlichen Irenik, einer auf Überwindung des Unfriedens der Menschheit, sowie auf Universalität und Ganzheit ausgerichteten Konzeption in konfessionellen, ideologischen und politischen Bereichen. E. Spalke, Die Frage der Gottesvorstellung in der Anthropologie W. Philipps, und R. Schüßler, Zur wissenschaftstheoretischen Relevanz anthropologischer Denkstrukturen für die Erziehungs- und Bildungstheorie, bringen neue Impulse für eine irenische Anthropologie.

BAND XX

DUDEK, HUBERT G. J. Pathopsychische Strukturen religiöser und ideologischer Ergriffenheit.
1. Teil.: Die eschatologisch-dualistische Gestalt religiöser und ideologischer Ergriffenheit in der Anankastischen Struktur psychischer Störungen. Hildesheim 1981. XIV, 274 S., kart.
ISBN 3-8067-0220-9 EUR 19,43

BAND XXI

2. Teil: **Die epiphanisch-monistische Gestalt religiöser und ideologischer Ergriffenheit in der hysterischen Struktur psychischer Störungen.** Hildesheim 1988. III, 220 S., kart.
ISBN-3-8067-0221-7   EUR 18,41

BAND XXII

3. Teil: **Die mystizistisch-ekstatische Gestalt religiöser und ideologischer Ergriffenheit in der pavorangorischen Struktur psychischer Störungen.** In Vorbereitung.
ISBN 3-8067-0222-5

Gibt es im menschlichen Bereich einen Ort, an dem die drei großen anthropologischen Strukturen (W. Philipp) mit unausweichlicher Notwendigkeit zusammen in Erscheinung treten müssen? Dieser Ort ist die psychiatrische Klinik. Sie funktioniert wie ein anthropologisches Prisma, in dem die 3 Primärfarben des Menschlichen eingefangen sind und - wenn auch in Negativprojektion - in oft scharf konturierter Einseitigkeit und Isolierung beobachtet werden können. H. Dudek analysiert das nosologische Feld der Diagnostik der "Kleinen Psychiatrie", die die "Reaktionen, Neurosen, Pathien", (W. Bräutigam) umfaßt. Die jeweiligen "Gestalten" des pathopsychischen Verhaltens, Erlebens und der daraus erwachsenden Gebilde zeigen eine erstaunliche strukturale Kongruenz oder Isomorphie mit den von W. Philipp aufgedeckten Strukturen von religiösen und ideologischen "Gebilden" sprachlicher, sozialer und artifizieller Art.
Prof. med. D. Langen (Mainz) forderte die Entwicklung einer exakten und formalisierbaren "Syndromlehre" auch in der Kleinen Psychiatrie. H. Dudeks dreibändiger Entwurf erfüllt bereits diese Forderung. Für Praktiker wie für Grundlagenforscher der Psychotherapie ist die Beschäftigung mit diesem Werk unerläßlich. Wenn es die hier nachgewiesenen regelhaften Zusammenhänge gibt zwischen dem pathopsychischen Verhalten und Erleben und den daraus entstandenen einseitigen religiösen und ideologischen Gebilden (sprachlicher, sozialer und artifizieller Art), dann kann auch kein Testpsychologe an diesen Ergebnissen vorbeigehen.

BAND XXIII

PHILIPP, WOLFGANG. **Methodik der Evangelischen Theologie aus irenischer Sicht.** Herausgegeben von Axel Hilmar Swinne. Hildesheim 1981. IV, 133 S., kart.
ISBN 3-8067-0223-3   EUR 14,83

Mit den Arbeitsmitteln der Wiss. Irenik hinterfragt W. Philipp die wissenschaftlichen Methoden der Theologie, zeigt ihre Durchmischung mit strukturellen (metaphysischen)

Methoden als anthropologisches Phänomen auf. Nur auf dem Hintergrund einer Demetaphysizierung von Gott-Mensch-Geschichte-Natur kann mit Hilfe der transkategorialen Methode der Irenik eine transmetaphysische Methode in der Theologie empfohlen werden.

BAND XXIV

PHILIPP, WOLFGANG. Irenische Dogmatik. Marburger Vorlesungen. Hrsg. v. Günther Brinkmann, Hildesheim 1983. IX, 204 S., kart.
ISBN 3-8067-0224-1   EUR 17,39

Wolfgang Philipps Marburger Dogmatikvorlesungen geben in ihrer geistvollen Handhabung der Ich-Du-Es-Strukturen als möglicher systematischer Denkkategorien einen Beurteilungsmaßstab für theologische, philosophische und politische Systeme an die Hand, wie er heute notwendiger ist denn je. In einer Zeit existentieller und ideologischer Sackgassen zeigt Philipp, wie biblische Theologie dem modernen Menschen Wegweisung und Befreiung sein kann in dem ganzheitlichen transkategorialen Rückbezug auf den im alttestamentlichen kaboth und in der neutestamentlichen doxa auf uns eindringenden Gott Jesu Christi.

BAND XXV

PHILIPP, WOLFGANG. Irenische Dogmatik. Frankfurter Vorlesungen. Hrsg. v. Axel H. Swinne. Hildesheim 1988. III, 250 S., kart.
ISBN 3-8067-0225-X   EUR 18,41

Mit den Frankfurter Vorlesungen, gehalten 1965 - 1969, konzipiert W. Philipp eine Dogmatik auf dem Raster der Wiss. Irenik. Im theologischen Bereich erscheint "Kategorie" heute meist als schlagwortartiges Vorzeichen struktureller Metaphysizierung ("Kategorie des Einzelnen", "Kategorie des Du"). Durch solche selektive Herauslösung einzelner Kategorien aus der "heiligen Ganzheit" der Kategorientafel werden diese zu Mittlern zwischen Gott und Menschen gemacht, durch ihre Absolutsetzung werden ideo-logische Ergriffenheit und konfessionaler Haß erzeugt. Irenische Dogmatik weist den Weg, wie wir diese einseitigen Entwicklungen überwinden können.

BAND XXVI

PHILIPP, WOLFGANG. Trinität ist unser Sein. Prolegomena der vergleichenden Religionsgeschichte. Herausgegeben von Axel Hilmar Swinne. Hildesheim 1983. XV, 541 S., kart.
ISBN 3-8067-0226-8   EUR 33,23

Diese gründliche Arbeit, in den 50er Jahren aus der Auseinandersetzung mit Religionswissenschaft und Theologie entstanden, wird nunmehr aus dem Nachlaß W. Philipps veröffentlicht. Hier werden wesentliche Bausteine zur Entwicklungsgeschichte der von W. Philipp konzipierten Wiss. Irenik offengelegt: Das Gesetz der fortschreitenden Triangulation, die Tricurrenz, der trinitarische Umlauf als Drehung des ontologischen Schlüssels und der Ternar, die trinitarische Struktur als objektiv geronnenes Gegenüber. Dieses Werk stellt zugleich ein wichtiges Bindeglied zu den übrigen Veröffentlichungen W. Philipps dar und hat von ihrer Aktualität nichts eingebüßt.

BAND XXVII

BENAD, MATTHIAS. Toleranz als Gebot christlicher Obrigkeit. Das Büdinger Patent von 1712. Hildesheim 1983. 494 S., kart.
ISBN 3-8067-0227-6　　　　　　　　　　　　　　　　　　　　EUR 31,70

Die hessische Grafschaft Büdingen zählte zu Beginn des 18. Jahrhunderts zu den wenigen Territorien im Reich, in denen Christen geduldet wurden, die sich zu keinem der drei zugelassenen Bekenntnisse (katholisch, lutherisch, reformiert) hielten. Der Graf lud Separatisten als Siedler ins Land und versprach Privilegien. Benad erschließt die Obrigkeitslehre lutherischer Tradition (Seckendorff) als den geistesgeschichtlichen Kontext des Unternehmens und untersucht theologie- und frömmigkeitsgeschichtliche Aspekte (hallischer Pietismus, Inspirationserweckung) ebenso wie die politischen und sozial-ökonomischen Zusammenhänge.

BAND XXVIII

WEBER, EDMUND (Hrsg.). Christentum zwischen Volkskirche und Ketzerei. Frankfurt/M., Bern, New York, 1985. 109 S.
ISBN 3-8204-8891-X　　　　　　　　　　　　　　　　　　　br. EUR 15,90

Volkskirche und Ketzerei bilden elementare Tangenten der Wirklichkeit des Christentums. Unter Bezugnahme auf Kirchensoziologie, Sozialgeschichte und wissenschaftliche Irenik werden beide Aspekte der Ekklesiologie in Geschichte und Gegenwart exemplarisch beleuchtet.

Aus dem Inhalt: Soziologie der Volkskirche - Pietismus in Hessen - Schleiermacher - Katharer und Freigeister - Die andere Kirche.

BAND XXIX

STOODT, DIETER (Hrsg.). **Volkskirchliche Katechetik**
Frankfurt/M., Bern, New York, 1986. 144 S.
ISBN 3-8204-8894-4 br. EUR 19,90

Fünf Beiträge plädieren für einen volkskirchlich fundierten seelsorgerlichen Ansatz des Religions- und Konfirmandenunterrichts und problematisieren vor allem pädagogisch die Selbstfesselung beider durch die normative Bindung an die Lebensformen der regelmäßigen Gottesdienstbesucher. Nicht die Bejahung einer bestimmten Symbolik oder gar Mythologie, sondern der rechtfertigende Glaube ist das Verbindliche des Christentums. Das damit implizierte lebenspraktische Programm wird anhand einer schulischen Unterrichtseinheit über die Konfirmation sondiert und vorgestellt. Die Koppelung empirischer Untersuchungen des Schülerverhaltens im Religionsunterricht an die Normen der sog. Kerngemeinde, die fälschlich mit der Kirche identifiziert wird, enthüllt sich in dem Beitrag über Schüler und Kirche als Bluff. Was in einem theologisch und politisch reflektierten Sinn Volkskirche heißt, wird anhand von Selbstaussagen von Jugendlichen analysiert. Die Religion der Jugendlichen setzt sich nicht von "der Kirche", sondern von den Lebensformen der sich für die Kirche ausgebenden innerkirchlichen Subkultur ab.

BAND XXX

WEBER, EDMUND (Hrsg.). **Krishna im Westen**
Frankfurt/M., Bern, New York, 1985. XVIII, 254 S., vergriffen
ISBN 3-8204-8903-7 br.

Die Krishnareligion Indiens ist im Westen hauptsächlich von der Internationalen Gesellschaft für Krishna-Bewußtsein bekanntgemacht und verbreitet worden. Diese Religionsgemeinschaft des Vaishnava-Hindutums, von A. C. Bhaktivedanta Swami (1896 - 1977) in New York gegründet, hat im Rahmen der Religionswissenschaft und Theologie zu wenig kritische Resonanz erfahren. Die Polemik von kirchlich beauftragten und von der Massenpresse angestellten Publizisten hat insbesondere in der Bundesrepublik dazu geführt, daß nicht nur der allseits postulierte interreligiöse Dialog hier außer Kraft gesetzt, sondern auch die wissenschaftliche Konfrontation stark vernachlässigt wurde.
Die vorliegende Veröffentlichung will nunmehr auch für den deutschsprachigen Raum, der differenzierten, interdisziplinären und damit normalen wissenschaftlichen Arbeit an dieser hinduistischen Religionsgemeinde den Weg ebnen.

Aus dem Inhalt: Günther Kehrer: Indische Religiosität im Westen - Tilak Raj Chopra: Was ISKCON betrifft, so ist sie keine Sekte - Harvey Cox: Krishna-Bewußtsein und Christentum - Larry D. Shinn: Die Rolle des Guru einst und jetzt - Thomas J. Hopkins: Die Entwicklung der Bewegung für Krishna- Bewußtsein als religiöser Institution - A. L. Basham: Die historische Bedeutung der Hare-Krishna-Bewegung - Shrivatsa Goswami: Der Prüfstein. Ob Sie ein Vaisnava sind oder nicht, ist Ihre bhakti, Ihre Liebe zu Krishna.

BAND XXXI

BROMME, WOLFGANG. Religiöse Symbolik jugendlicher Identität
Zur Synthese pietistischer Frömmigkeit und empirischer
Entwicklungspsychologie in der evangelischen Jugendarbeit

Frankfurt/M., Bern, New York, 1986. 163 S.
ISBN 3-8204-9768-4 br. EUR 23,-

Ob die Bibel Mittelpunkt kirchlicher Jugendarbeit sein muß oder nicht, ist eine umstrittene Frage, deren Beantwortung den verschiedenen Trägern dieser Jugendarbeit zur Abgrenzung untereinander dient. Dabei gerät die für die religionspädagogische Wirkung der Jugendarbeit viel entscheidendere Frage in den Hintergrund, welche *Funktion* die Bibel für die Identitätskrise Jugendlicher einnimmt. Hier setzt der Verfasser an und zeigt, u. a. an den Interviewaussagen Jugendlicher, daß die pietistische Intention der Jugendfrömmigkeit nur dort erfüllt werden kann, wo die Symbole der Bibel Jugendlichen als Kommunikationsmittel für die Verständigung über ihre konkrete Lebenswirklichkeit zur Verfügung gestellt werden.
Aus dem Inhalt: U. a. Jugendarbeit in pietistischer Tradition - Empirische Untersuchung zum Glaubensverständnis Jugendlicher - Eriksons Identitätsbegriff - Tillichs Symbolbegriff - Symbolorientierte evangelische Jugendarbeit.

BAND XXXII

FINGER, JOACHIM. Gurus; Ashrams und der Westen
Eine religionswissenschaftliche Untersuchung zu den
Hintergründen der Internationalisierung des Hinduismus

Frankfurt/M., Bern, New York, Paris, 1988. 554 S., vergriffen
ISBN 3-8204-9874-5 br.

Die internationale Verbreitung von Gurus und Ashrams ist als religionsgeschichtlicher Vorgang nicht von der allgemeinen Entwicklung Indiens, des Hinduismus und der Welt zu trennen. So verschiedenartig Gruppen, Meister und Lehren sind, sie alle entspringen *einer* Tradition. Diese hat sich seit Jahrhunderten veränderten Umständen angepaßt und Einflüsse der Umwelt zu integrieren vermocht. In heterodoxen wie orthodoxen Kreisen verbinden sich sozialer Wandel, Wirtschaft und Politik innig mit Geschichte und Überlieferung. Die letzten 200 Jahre brachten vor allem noch eine zunehmende Vernetzung mit dem in-

ternationalen System. Die vorliegende Studie versucht, das Gesamtphänomen durch eine möglichst umfassende Zusammenschau möglichst vieler Faktoren zu verstehen.
Aus dem Inhalt: Die geschichtliche Entwicklung des modernen Hinduismus, gesamthaft gesehen - Darstellung verschiedenster Gemeinschaften und Gurus - geographischer, sozialer und internationaler Kontext - religionsgeschichtliche Einordnung.

BAND XXXIII

WEBER, EDMUND/CHOPRA, TILAK RAJ. Shri Krishna Caitanya and the Bhakti Religion

Frankfurt/M., Bern, New York, Paris, 1988. 224 S.
ISBN 3-8204-1191-7   br. EUR 32,20

Shri Krishna Caitanya, a contemporary of Martin Luther, deserves, by all means, a high rank among the spiritual masters of medieval India who taught the way of Bhakti, the religion of love. This book is a collection of multidisciplinary studies on the life, the work, and the impact of this great religious reformer.
Stimulating religious education: The Caitanya Movement. Free Love and Bhakti.
A Universe of Feelings. Krishna art and the Scriptures. Indian Christian response to Bhakti. Bhakti and Christian Faith acc. to R. Otto.
The pada-yatra of Caitanya. Iscon´s place in the Bengal Vaihnava tradition of Caitanya., M. S. Gupta´s Visnupriya, a modern epic on the life of Caitanya.
Caitanya and the six Goswamis. The symbol of norm-transgressing love according to the Sarasamgraha.

BAND XXXIV

MASSER, MARTINA. Die wissenschaftliche Irenik Wolfgang Philipps und das Gespräch der christlichen Konfessionen

Frankfurt/M., Bern, New York, Paris, 1989. 88 S.
ISBN 3-631-41574-5   br. EUR 16,40

Die von Philipp entwickelte Strukturanalyse stellt ein wichtiges Werkzeug dar, jede konfessionelle Verengung der christlichen Offenbarungswahrheit zu erkennen. Der Beitrag zum ökumenischen Gespräch ist der leitende Gesichtspunkt, unter dem die Wissenschaftliche Irenik Philipps in ihren Grundzügen in der vorliegenden Arbeit dargestellt wird. Ein Vergleich mit dem Dekret "Über den Ökumenismus" des Zweiten Vatikanischen Konzils zeigt auf katholischer Seite Entsprechungen zu wesentlichen Anliegen der Philippschen Irenik.

Aus dem Inhalt: Die Begründung der Strukturanalyse der Wissenschaftlichen Irenik - Der Beitrag der Wissenschaftlichen Irenik zum ökumenischen Gespräch - Ein Vergleich mit Aussagen des Konzilsdekrets "Über den Ökumenismus."

BAND XXXV

FRASE, MICHAEL. Friede und Königsherrschaft
Quellenkritik und Interpretation der Continuatio Reginonis
(Studien zur ottonischen Geschichtsschreibung)

Frankfurt/M., Bern, New York, Paris, 1990. X, 353 S., 6 Abb.
ISBN 3-631-42351-9   br. EUR 44,50

Die Continuatio Reginonis ist eines der Hauptwerke der ottonischen Geschichtsschreibung. Die vorliegende Untersuchung überprüft die textliche Überlieferung und die Abhängigkeit von anderen Quellen, um von einer gesicherten textlichen Basis die inhaltliche Konzeption der Continuatio Reginonis herauszuarbeiten. Von der Thronfolge Heinrichs I. ausgehend entwickelt der Continuator die Leitthemen seines Geschichtswerkes: die Wiederherstellung des Friedens und die dynastische Kontinuität des sächsischen Herrscherhauses. Beide Themen korrespondieren mit den Grundanliegen der karolingischen Chronik Reginos von Prüm. Die Überarbeitung der Chronik Reginos und die Fortsetzung in der Mitte des 10. Jahrhunderts zeigen, daß der Continuator eine eigene Weltchronik der Ottonenzeit verfassen wollte.

BAND XXXVI

HUTH, FRITZ-REINHOLD. Das Selbstverständnis des Bhagwan Shree Rajneesh in seinen Reden über Jesus

Frankfurt/M., Berlin, Bern, New York, Paris, Wien, 1993. XV, 284 S., 1 Abb.
ISBN 3-631-45987-4   br. EUR 45,50

Wie hat der indische Guru Bhagwan Shree Rajneesh sich selbst verstanden? Um diese Frage zu beantworten, zieht der Autor die zahlreichen Reden Rajneeshs über Jesus heran. Durch die Methode des inter-religiösen Vergleichs werden Querverbindungen zwischen christlichen janistischen und hinduistisch-buddhistischen Gedanken aufgezeigt. Diese religiöse Ebene wird in Beziehung gesetzt zu den Aussagen der westlichen humanistischen Psychologie, deren Methoden Rajneesh ebenso anwendet, wie die der östlichen Meditation. Das Ergebnis der Arbeit zeigt das auf Ganzheitlichkeit angelegte Konzept Rajneeshs auf, das seine Impulse aus den Wurzeln uralter indischer Tradition wie auch aus den Worten Jesu bekommt. Ein neuer, unvermuteter, dennoch äußerst kreativer Zugang zu dem Mann aus Nazareth und seiner ungewöhnlichen Botschaft.

Aus dem Inhalt: Das Gottes- und das Jesus-Bild von Rajneesh – Jünger und Meister: eine im Westen verlorengegangene religiöse Dimension – Meditation als spirituelle Praxis – Humanistische Psychologie und indische Spiritualität – Rajneeshs Persönlichkeits-Struktur und deren Auswirkungen auf seine Lehre

BAND XXXVII

RAE, THOMAS H. H.. John Dury and the Royal Road to Piety

Frankfurt/M., Berlin, Bern, New York, Paris, Wien, 1997. 363 S., 7 Abb., 1 Graf.
ISBN 3-631-32378-6　　　　　　　　　　　　　　　　　　br. EUR 50,10

By the seventeenth century the Protestant religion had become severely fragmented. John Dury spent his entire life in an attempt to severse this fragmentation by letters, books and conferences and his work in this respect has been called the greatest irenic effort in history. He believed that the most significant instrument for the achieving of his goal, second only to the will of God, was a reformation of the current mode of education. His proposals for that encompassed every stage of education and showed a deep understanding of the nature of education and thus he deserves to be regarded as the foremost educationist of his time in seventeenth century England.

BAND XXXVIII

OSSA, LEONOR. Donnersohn, Maurentöter, Indiomörder
Der Zebedaide und die Gewalt

Frankfurt/M., Berlin, Bern, Brüssel, New York, Oxford, Wien, 2002. 100 S., 3 Abb., 3 Karten.
ISBN 3-631-38766-0　　　　　　　　　　　　　　　　　　br. EUR 23,-

Der Völkermord an der indigenen Bevölkerung Lateinamerikas geschah im Namen des Jakobus Zebedäus. Mit dem Ruf "Santiago" griffen die spanischen Söldner die als Untermenschen betrachteten Indios an. Da ähnliches bereits im Kampf der Spanier gegen die Mauren geschehen war und gleichzeitig die spanische Kirche den Zebedaiden für sich reklamierte, entsteht die Frage, ob es im Neuen Testament angelegt ist, Jakobus als gewaltsamen Apostel gebrauchen zu können. Die Untersuchung geht auch der Frage einer möglichen Überlagerung des spanischen Jakobus durch eine ältere jüdische Jakobsfigur nach.

DOCUMENTA IRENICA

Band 1 bis 2 sind erschienen im Gerstenberg Verlag, Hildesheim und zur Zeit erhältlich über SIGMA GmbH, Erlenstr. 5, D-74906 Bad Rappenau.Seit 1985 erscheint die Schriftenreihe im Verlag Peter Lang. Die DOCUMENTA IRENICA sind in den STUDIA IRENICA aufgegangen.

STUDIA IRENICA

Band 1 bis 27 sind ebenfalls über SIGMA GmbH (s.o.) erhältlich.

Band 28 Edmund Weber (Hrsg.): Christentum zwischen Volkskirche und Ketzerei. 1985.

Band 29 Dieter Stoodt (Hrsg.): Volkskirchliche Katechetik. 1986.

Band 30 Edmund Weber (Hrsg.): Krishna im Westen. 1985.

Band 31 Wolfgang Bromme: Religiöse Symbolik jugendlicher Identität. Zur Synthese pietistischer Frömmigkeit und empirischer Entwicklungspsychologie in der evangelischen Jugendarbeit. 1986.

Band 32 Joachim Finger: Gurus, Ashrams und der Westen. Eine religionswissenschaftliche Untersuchung zu den Hintergründen der Internationalisierung des Hinduismus. 1987.

Band 33 Edmund Weber/Tilak Raj,Chopra (Eds.): Shri Krishna Caitanya and the Bhakti Religion. 1988.

Band 34 Martina Masser: Die Wissenschaftliche Irenik Wolfgang Philipps und das Gespräch der christlichen Konfessionen. 1989.

Band 35 Michael Frase: Friede und Königsherrschaft. Quellenkritik und Interpretation der Continuatio Reginonis (Studien zur ottonischen Geschichtsschreibung). 1990.

Band 36 Fritz-Reinhold Huth: Das Selbstverständnis des Bhagwan Shree Rajneesh in seinen Reden über Jesus. 1993.

Band 37 Thomas H. H. Rae: John Dury and the Royal Road to Piety. 1997.

Band 38 Leonor Ossa: Donnersohn, Maurentöter, Indiomörder. Der Zebedaide und die Gewalt. 2002.

Hans Paarhammer / Alfred Rinnerthaler (Hrsg.)

Österreich und der Heilige Stuhl im 19. und 20. Jahrhundert

Frankfurt/M., Berlin, Bern, Bruxelles, New York, Oxford, Wien, 2001.
599 S., zahlr. Abb.
ISBN 3-631-37591-3 · br. € 75.70*

Das Werk beinhaltet alle Vorträge, die anläßlich eines am 18. und 19. Mai 2000 durchgeführten Symposiums gehalten wurden. Veranstalter war das Institut für Kirchliche Zeitgeschichte am Internationalen Forschungszentrum für Grundfragen der Wissenschaften in Salzburg. Diese Vorträge werden ergänzt durch weitere Beiträge zum Forschungsgegenstand und zu kulturpolitisch relevanten Themen, die für die Beziehungen zwischen Wien und dem Vatikan im gegenständlichen Zeitraum von Relevanz waren. Zwei Aufsätze zum sensiblen Verhältnis von Staat und Evangelischer Kirche in Österreich beziehungsweise zum antikatholischen Affekt im österreichischen Protestantismus beschließen diesen Forschungsband.

Aus dem Inhalt: Apostolische Nuntiatur in Wien · Österreichs diplomatische Vertreter am Heiligen Stuhl · Quantifizierbarer Ultramontanismus? · Privilegium Salisburgense · Kollegiatstift Seekirchen · Der Fall Wahrmund · Canisianum in Innsbruck · Wie werden Päpste gewählt? · Dispensehen · Bischof Hudal und das Konkordat 1933/34 · Der Weg zur liturgischen Erneuerung · Apostolische Visitation der österr. Stifte 1946-1953 · Die kirchliche Trauung im staatlichen Recht · Theologische Fakultäten · Österreich und die Reform des kirchl. Gesetzbuches · Kathedralkapitel · Römische Erinnerungen · Abteilung für evang. Kultusangelegenheiten · Antikatholischer Affekt im österr. Protestantismus

Frankfurt/M · Berlin · Bern · Bruxelles · New York · Oxford · Wien
Auslieferung: Verlag Peter Lang AG
Jupiterstr. 15, CH-3000 Bern 15
Telefax (004131) 9402131

*inklusive der in Deutschland gültigen Mehrwertsteuer
Preisänderungen vorbehalten
Homepage http://www.peterlang.de

Österreich und der Heilige Stuhl
im 19. und 20. Jahrhundert